Ursula Degen **Small Talk**

Ursula Degen

SMALL TALK

... damit die Pause nie peinlich wird

orell füssli Verlag AG

www.ofv.ch

Umschlagabbildung: gettyimages (Brendan Beirne)
Umschlaggestaltung: Cosmic Werbeagentur BSW, Bern
Druck: fgb • freiburger graphische betriebe, Freiburg i. Brsg.
Printed in Germany
ISBN 3-280-05014-6

Die Deutsche Bibliothek – CIP-Einheitsaufnahme

Degen, Ursula:
Small Talk : damit die Pause nie peinlich wird / Ursula Degen. –
Zürich : Orell Füssli, 2002
ISBN 3-280-05014-6

Inhalt

Vorwort

Gehören Sie auch zu jenen Leuten, die sich in unregelmäßigen Abständen die Haare raufen und sich verzweifelt fragen: «Warum kriege ich nicht den Mund auf? So schaffe ich es nie, Kontakte zu knüpfen!» Dann kann ich Sie trösten: Erstens sind Sie nicht allein auf dieser Welt und zweitens können Sie diesen Zustand ändern. Nur ein Buch zu lesen reicht jedoch – leider, leider – nicht aus. Sie müssen hinaus, dorthin, wo Menschen sind, die etwas tun, was Sie und die anderen interessiert. Darum kommen Sie nicht herum. Aber Tipps und eine regelrechte «Rezeptur des ersten Kontaktes» finden Sie in diesem Buch – und die schreit förmlich nach Umsetzung!

Dieses Buch soll helfen, ungezwungen mit Fremden ins Gespräch zu kommen, die Initiative zu ergreifen, den richtigen Satz im richtigen Ton für den richtigen Moment zu finden. Und so soll Small Talk, das «kleine Gespräch», den Stellenwert bekommen, den es verdient: Obwohl von vielen als banal abgetan, ist es die hohe Kunst, den Gesprächspartner, die Gesprächspartnerin gut zu unterhalten, ohne Grenzen zu verletzen und ohne zu überfordern. Small Talk ist keineswegs ein Bad in seichten Gewässern, diese kleinen Szenen der alltäglichen Kommunikation führen vielmehr vom flachen Uferbereich sicher in spätere Tiefen.

Wer im Vertrieb oder in der Beratung tätig ist, kann ein Lied davon singen, wie wichtig eine Small-Talk-Phase am Anfang und am Ende von Gesprächen mit Kunden und Klientinnen ist. Am Anfang sorgt sie für eine gute Atmosphäre, am Ende stabilisiert sie die Beziehung und hilft mit, dass daraus eine lang anhaltende Geschäftsbeziehung wird. Small Talk ist also durchaus ein Thema für den beruflichen Alltag – aber keine Sorge, Sie brauchen das Buch nicht wegzulegen, denn klassische Verkaufsgespräche werden nicht behandelt. Der hier vorgestellte Kommunikationsweg lässt sich auf Begegnungen im privaten und beruflichen Alltag anwenden.

Allerdings braucht alles, was einmal meisterlich gekonnt werden will, viel Übung. Das gilt auch für meisterliche Alltagskommunikation. Deshalb ist dieses Buch als Lehrpfad gedacht, erst die kleinen, dann die größeren Gespräche führen zu lernen.

Sie finden einen Koffer voller Handwerkszeug und Gedankenanstöße. Die Kommunikationslehrlinge werden sich zunächst aussuchen, was zu ihnen passt, dann müssen sie mit dem Handwerkszeug ordentlich üben, damit sie es im Augenblick der Augenblicke wie ein Meister, eine Meisterin handhaben können.

Die vielen Übungsvorschläge habe ich in Seminaren für den privaten Alltag und für das berufliche Parkett vorgestellt und dem Praxistest ausgesetzt. Sie stammen natürlich auch aus eigenen Erfahrungen in Sachen Small Talk, aber selbstverständlich auch aus einer Vielzahl von Büchern zum Thema Kommunikation. Zudem habe ich u. a. Linguistik studiert, eine Ausbildung in NLP (Neurolinguistisches Programmieren) gemacht und mich in der abschließenden Masterarbeit mit dem »Modell von der guten Absicht« auseinandergesetzt.

Ich danke allen Seminarteilnehmerinnen und -teilnehmern für ihre Anregungen und für die Ermutigung, dieses Buch herauszubringen. Ich danke ihnen allen für die Fragen, die mir geholfen haben, das Thema zu erweitern, andere Positionen zu ergänzen oder eine neue Sicht hinzuzufügen. Ich danke Andrea P. Lang für ihr unermüdliches Korrekturlesen und für ihre Anregungen. Sie wird die Seminare ganz im Sinne dieses Buches fortführen. Ich widme das Buch ihr, Hans M. und Barney F.

Manchmal mischen sich in meinem Buch Rudi, Mandy und noch ein paar aus dem Neandertal ein. Sie helfen mit, wenn es gilt, die wohlfeilen «Erfolgsweisheiten» ein bisschen zu entrümpeln. Aber wir werden nicht stehen bleiben – im Neandertal. Unsere Zivilisation hat sich schließlich auch weiterentwickelt, sie ist gewachsen. Wir sind lernfähig. Nette Sprüche, positive Formeln sind recht und gut, sofern ihnen echtes Lernen und eingeübtes verändertes Leben folgen.

In diesem Buch geht es einzig und allein um die Kontaktaufnahme mit fremden Menschen, um den Beginn eines netten Gesprächs, um Kurzweil während einer langen Zugfahrt, um die Kontaktaufnahme am Rande eines Kongresses, um das zwanglose Gespräch bei der Betriebsfeier. Es geht um die ganz alltäglichen Gesprächsmöglichkeiten aus Beruf und Privatleben, in deren Verlauf sich völlig fremde Menschen begegnen, die gern miteinander ins Gespräch kommen würden, doch es fehlt ihnen der Mut. Das Buch ist demnach keine Flirt-Schule und kein Anbagger-Kurs. Es geht nicht um Suchen und Finden von (Lebensabschnitts-)Partnerinnen oder -partnern. Denn – und das ist eine schöne Einrichtung der Natur – sich verlieben lässt sich nicht trainieren. Entweder hat Amor ein Einsehen und schießt seinen Pfeil ab oder eben nicht. Nur: Wer kontaktfreudig ist, wer auf fremde Menschen zugehen kann, wer mit den unterschiedlichsten Leuten spannende Gespräche führen kann, der gibt Amor öfter Gelegenheit, seine Pfeile abzuschießen – und zu treffen.

Dass «es» passieren kann, beweist ein Paar aus Stuttgart. Um korrekt zu sein: Als die beiden ins Seminar kamen, waren sie kein

Paar, sondern zwei Einzelmenschen, die lernen wollten, einen größeren Freundes- und Bekanntenkreis aufzubauen. Doch etwa drei Jahre nach jenem sonntäglichen Seminar bekam ich Post. Elisabeth und Thomas schickten mir eine Karte mit einem aufgeklebten Hochzeitsfoto und schrieben: «Ihr Kurs war wirklich für uns ein Volltreffer!» An dieser Stelle daher einen herzlichen Glückwunsch an die zwei!

Schließlich noch ein Wort zum Gebrauch der männlichen und der weiblichen Form: Bisher habe ich sie brav gebraucht und angeführt. Aber schon in diesem kurzen Vorwort wirkt das schwerfällig. Immer ein «er beziehungsweise sie» zu schreiben, stört den Lesegenuss. Ein /innen dranzuhängen, stört das Auge. Daher werde ich im Nachfolgenden nur manchmal beide Formen ausschreiben, meist werde ich die Formen abwechseln, mal nehme ich männliche, mal weibliche Beispiele, so dass es – hoffe ich – gerecht und an Anzahl ausgeglichen sein wird.

Karlsruhe im August 2002
Ursula Degen

Einleitung

Das Thema Small Talk in Beruf und Alltag fing für mich ganz harmlos an. Ich sah eine Fernsehsendung, in der zur Kontaktaufnahme zwischen zwei Menschen ein dritter als Moderator benötigt wurde und wo versucht wurde, per Videobotschaft oder durch sinnige Gags Kontakt zwischen Fremden herzustellen. Ich wollte einfach nicht glauben, dass es das im «richtigen Leben» gibt.

Eigentlich gestalte ich für Unternehmen die Öffentlichkeitsarbeit, helfe ihnen, sich in den Medien und damit in der Öffentlichkeit darzustellen, und halte die dazugehörenden Seminare ab. Ziel ist es, das Image des Unternehmens einer breiten Öffentlichkeit in gutem Lichte zu präsentieren. Was hat das jetzt mit unserem Thema zu tun?

Mit diesem Buch schlage ich einen gewagten Bogen hin zu einer speziellen Art von Eigen-PR für Sie als Person. Auch Sie können nämlich lernen, sich in bestimmten Momenten Ihres Lebens, in denen Sie glauben, dass es darauf ankommt, auf sich aufmerksam zu machen, sich in der Öffentlichkeit eines Straßenfestes, einer Vernissage, am Rande eines Meetings, im rechten Licht zu präsentieren – ganz unspektakulär und ohne die Hilfe eines TV-Moderators, aber sehr erfolgreich.

Natürlich können wir alle kommunizieren und müssen das weder erlernen noch üben. Schließlich lernen wir schon im Kleinkindalter die Sprache unserer Umwelt, wir sprechen im Kindergarten, in der Schule, in der Ausbildung und im Beruf – und zwar ständig.

Das ist richtig, und dennoch ist der eine oder die andere mit dem Ergebnis nicht zufrieden. Sie sind unzufrieden, wie ihre Gespräche in Gang kommen. Sicher können wir Sätze formulieren, aber die Wortwahl war nicht so, wie wir es eigentlich wollten, und das Gegenüber hat es ganz anders verstanden, als wir es zu sagen geglaubt haben.

Daher lassen Sie mich dem Ganzen eine kleine Provokation voranstellen, die den Kommunikationsprofi kennzeichnet. Denn der plappert nicht einfach los, der ist sich seines Sprechverhaltens bewusst, der setzt Nonverbales (sprich: die Körpersprache) bewusst ein, und der kennt die Wirkung seiner Worte und seiner Ausstrahlung. Wie er sich seines nonverbalen Verhaltens bewusst ist, so ist er sich ebenfalls seiner Wortwahl bewusst und benutzt Sprache wie ein Präzisionsinstrument. Ganz wichtig für seine Überzeugungskraft ist, dass er hinter seiner Aussage steht und mit sich im Einklang ist. Ja, und ein Kommunikationsprofi geht grundsätzlich vorbereitet in ein Gespräch – selbstverständlich auch, wenn er seine Gesprächspartnerin, seinen Gesprächspartner überhaupt nicht kennt.

Da ich mich nicht darauf verlassen kann, dass die Personen, zu denen ich gern Kontakt hätte, es erahnen und mir den Gefallen tun und mich ansprechen, muss ich selbst aktiv werden. Denn wenn sie keine Gedankenleser sind, bin ich ganz schön aufgeschmissen. Noch schwieriger wird es, wenn jene Personen, mit denen ich gern in Kontakt käme, nicht über die Fähigkeit des Ansprechens verfügen. Dann kann ich womöglich mein ganzes Leben lang warten – und nichts passiert.

Der sicherere und beste Weg ist es daher, sich die Fähigkeit selbst zu erarbeiten, so dass ich stets autark bin, dass ich nicht auf den Goodwill anderer angewiesen bin, wenn ich ein Gespräch eröffnen und führen möchte.

Mal anders denken

Was aber ist, wenn Sie, liebe Leserin lieber Leser trotz emsigen Übens nicht den Dreh rausfinden und weiterhin den Kloß im Hals nicht loswerden? Dann steht eine Runde Nachdenken an, doch kein gewöhnliches «Warum immer ich?», sondern etwas, was den Blockaden in der Seele ihren Platz erhält, sie aber in den Momenten löst, in denen sie nicht angebracht sind. Wir wagen uns sozusagen hinter die eigenen Kulissen, ohne großartig zu psychologisieren.

Vielleicht steckt hinter dieser Sprachlosigkeit ja eine «gute Absicht»? Lassen Sie sich einfach überraschen von einer unüblichen Überlegung, dass nämlich das ungeliebte Verhalten «Sprachlosigkeit» oder «Schüchternheit» eine Absicht verfolgt, die man auch mit anderen Mitteln als mit einem Kloß im Hals erreichen kann. Schüchternes Verhalten hat zwar immer noch dort seinen Platz, wo es sinnvoll ist, doch braucht es sich nicht mehr überall und immer breit zu machen.

I. Die Vorbereitungen

Schluss mit der Denkblockade

Treffen sich zwei alte Bekannte. Sagt der eine zum anderen: «Du, frag mich mal, wie es mir geht.» «In Ordnung, ich frag dich», sagt der andere: «Wie geht es dir denn?» «Oh, frag nicht!»

Das ist Small Talk in reinster Form. Small Talk ist der Austausch belangloser Fragen und Aussagen, oft genug sind es Fragen um der Fragen willen, und die Antworten interessieren kaum. Sie aber suchen das niveauvolle Gespräch, den sinnvollen Gedankenaustausch. Dann lieber gar keinen Kontakt als dieses blöde und oberflächliche Blabla. In Ordnung, wenn das Ihr fester Wille ist ...

Aber da ist Ihre Freundin Margret. Sie sieht sehr gut aus (finden Sie zumindest). Deshalb hat sie keine Schwierigkeiten. Wenn man so aussieht, ist es keine Kunst, frisch auf die Leute zuzugehen. Sie plaudert mit Gott und der Welt, verabredet sich mit den nettesten und interessantesten Menschen und schließt schnell Freundschaften. Ihr bester Freund ist auch so ein Tausendsassa. Ihm fällt immer der passende Spruch ein und er weiß immer einen Witz. Toll erzählen kann er ebenfalls. Kein Wunder, dass er sofort und auf jeder Party im Mittelpunkt steht. Selbst Ihre Tante Irma, die mit ihren über 70 Jahren noch ganz schön unternehmungslustig ist, lernt auf jeder Reise, ja bei jeder Zugfahrt fröhliche Menschen kennen. Dann fällt Ihnen Ihre Kollegin Patricia ein. Die hat bei jeder Gelegenheit mit Mitarbeitern aus der Exportabteilung geredet und dann auch mit dem Exportleiter. Einfach so und ganz locker. Nun hat sie die Abteilung gewechselt und fühlt sich dort sehr wohl.

Nur mit Ihnen redet keiner! Und eigentlich würden Sie ja doch gerne ... Sie haben sich einen ganzen Sack voll plausibler Gründe zurechtgelegt, warum mit den anderen so viele und mit Ihnen niemand plaudert. Außerdem bleiben Sie dabei: Für Sie haben Gespräche nur dann einen Sinn, wenn beide Seiten mit Wissen und Niveau daran teilhaben. Sich einschleimen, Witze reißen und Sprüche klopfen ist deutlich unter Ihrem Niveau. Sie sagen sich: Gut aussehen ist alles – und Sie passen nicht unbedingt ins gängige Schönheitsideal.

Wagen Sie als Erstes einen winzigen Schritt neben Ihre eigene Überzeugung. Machen Sie sich einmal den Spaß und schauen Sie ganz schnell weg, wenn Ihnen ein auf Anhieb sympathischer Mensch begegnet. Schließen Sie die Augen und erinnern Sie sich: Wie genau sah er aus? Welche Haarfarbe, welche Frisur hatte er? Trug er eine Brille? Wie groß war er wohl? Hatte er zwei Kilo zu viel oder doch eher zu wenig auf den Rippen? Ihre Erinnerung wird sehr verschwommen sein. Aber Sie sind sich sicher, dass diese Person Ihnen sympathisch war. Es war also nicht so sehr das Aussehen, das ihn sympathisch gemacht hat. Es war vielmehr seine Ausstrahlung. Dabei haben Sie Ihren Eindruck von der fremden Person womöglich mit irgendwelchen Erinnerungen verbunden, die mit dem Fremden recht wenig zu tun haben.

Die Ausstrahlung ist also wichtig. Natürlich strahlt vor allem das nach außen, was drinnen ist. Über die Körpersprache teilt der Körper ohne Worte mit, was in uns vorgeht. Das ist aber nur die eine Seite der Medaille. Auf der anderen steht, dass wir durch eine bestimmte Körperhaltung, durch bestimmte Gesten das, was in uns vorgeht, aufhellen oder verfinstern können. Wer nur auf den Boden starrt, zusammengefallen daherkommt, nimmt nicht nur keinen Kontakt mit seiner Umwelt auf, sondern kultiviert dieses innere Gefühl der Abkapselung.

Gewöhnen Sie sich daher an, aufrecht zu gehen. Mit dem aufrechten Gang kehrt zugleich eine positivere Stimmung in Sie ein. Sie fühlen sich offen, spüren, wie Sie freier, aufnahmefähiger werden als bei geducktem Gang. Sie sehen mehr von Ihrer Umwelt, als wenn Sie nur vor sich hinstarren.

Vor sich hinstarren versetzt Sie ins Grübeln und beschwört eine Auseinandersetzung mit sich selbst herauf. Je nachdem, wie Sie gerade drauf sind, machen Sie sich ganz schön runter. Wenn Sie sich noch mit nörgelndem Ton aufzählen, wann und wo und wie oft Sie in letzter Zeit versagt haben, ist es Essig mit Ihrer Ausstrahlung. Nicht nur, dass Sie sich so ständig bestätigen, dass alles nichts nützt und es nie was wird, sondern auch die anderen, die fremden Mitmenschen, haben keine Lust, Sie anzusprechen. Schließlich wollen sie nicht ganz konkret den Beweis Ihrer schlechten Laune erfahren oder mit sonst einer negativen Reaktion durch eine völlig Fremde konfrontiert werden.

Daher schauen Sie den Leuten lieber fröhlich ins Gesicht und in die Augen. Lächeln Sie ganz leicht. Wenn Sie beispielsweise im Supermarkt oder im Kaufhaus an der Kasse stehen, die Kassiererin total im Stress ist, dann schauen Sie sie an und sagen einfach: «Viel los heute. Da haben Sie aber schon 'ne Menge weggearbeitet.» Oder etwas ähnlich Freundliches. Sie werden es selbst erleben: Die asiatische Weisheit vom Lächeln, das zu dem zurückkehrt, der es aussendet, wird sich bewahrheiten.

Sie sind überfordert mit den paar wenigen Worten an die Kassiererin? Ihr Kloß im Hals ist so groß, dass Sie ihn nicht herunterkriegen? Der Kopf ist wieder mal wie leer gefegt, der Mund trocken, kein Wort kann gedacht, geschweige denn ausgesprochen werden, denn die Sprechwerkzeuge streiken. Kaum ist die Person, die wir gerne angesprochen hätten, außer Sicht, sprudelt das Gehirn nur so. Tolle Sätze kommen einem in den Sinn und sprechen ist kein Problem mehr.

Vor der Änderungsarbeit steht die Analyse: Ist so ein Blackout tatsächlich immer schlimm und nur schädlich? Oder könnten Sie sich vorstellen, dass es Situationen gibt, bei denen es sehr wohl gut wäre, erst mal keinen Ton herauszukriegen? Wie ist das in heiklen Situationen im Alltag, bei denen es besser ist, erst einmal abzuwarten? Erst wenn eine angemessene Pause verstrichen ist, zeigt es sich, ob es sinnvoll ist, sich zu äußern, oder ob es besser ist, den Mund zu halten.

Hören Sie sich mal an, was Bernd erlebt hat. Zum Glück hat es ihm die Sprache verschlagen, so dass das Zusammentreffen mit seinem Chef glimpflich ausgehen konnte.

Der Chef hielt Bernd vor, er habe im Büro alle Lichter brennen lassen, und vor allem habe er vergessen, die Tür abzuschließen. Die Unverschämtheit des Vorwurfs macht Bernd stumm – obwohl er so gern so viel dazu gesagt hätte. Der Chef, im Moment wirklich auf 180, spuckte den Vorwurf geradezu aus und rannte dann Türen knallend in sein Büro.

Als die Tür im Schloss war, wachte Bernd wie aus einer Trance auf, und ihm fielen sämtliche Verteidigungs- und Rechtfertigungsargumente samt Gegenangriffen ein, und er wollte schon hinter seinem Chef herstürmen. Da entdeckte er den Büroschlüssel auf seinem Schreibtisch. Sofort fiel ihm wieder ein, dass er zwar wirklich immer die Tür abschließt, dass er aber gestern ausnahmsweise überstürzt herausgerannt war, weil ihm kurz vor Ladenschluss eingefallen war, dass er in der Mittagspause den versprochenen Einkauf vergessen hatte. Lag aber der Schlüssel drinnen auf dem Schreibtisch, konnte er ihn wohl kaum draußen in der Hand gehabt haben, um die Tür abzuschließen. Ja, und da er der Letzte gestern war, musste er wohl auch die Lichter angelassen haben. Glück gehabt!

Können Sie sich vielleicht sogar vorstellen, dass eine solche Denkblockade selbst etwas Positives ist beziehungsweise einen Nutzen hat? Wie ist es denn in Gefahrensituationen: Denken Sie da immer genau nach, was Sie jetzt zuerst machen und warum? Hier können solche Denkaussetzer sogar lebensrettend sein. Man denke nur an brenzlige Situationen im Auto. Wenn die Fahrerin dann erst nachdenken würde, wo das Gaspedal und wo die Bremse ist, wäre schon mancher Unfall passiert, der eben nicht passiert ist, weil sie reflexartig richtig reagiert hat. Oder der Mann, der das Kind von der Straße gerissen hat. Er dachte keinen Augenblick daran, dass er dem Kind wehtun könnte. Er hat es vor dem heranfahrenden Wagen gerettet; das war viel wichtiger.

Selbst das blitzschnelle Reagieren zählt dazu, so dass die wertvolle Vase gerade noch aufgefangen werden konnte, ehe sie auf den Boden fiel. Solche Erlebnisse, in denen Denken nur schädlich gewesen wäre, gibt es zuhauf.

Lassen Sie mich (augenzwinkernd) einen kleinen Ausflug zu unserem Vorfahren Rudi im Neandertal machen. Nicht nur für ihn war die Denkblockade sogar ein Segen: Ohne Denkblockade hätte die Spezies Mensch wohl kaum überlebt!

Ein Besuch im Neandertal

Rudi ist noch ziemlich verschlafen. Er kriecht aus der Höhle, und da steht der Bär. Groß und mächtig und angriffslustig. Wenn Rudi jetzt sein Hirn eingeschaltet und sich überlegt haben würde, wie weit der Bär weg ist, wie groß er ist, mit welchen Gegenständen aus der Höhle er sich am besten zur Wehr setzen könnte – in der Zeit hätte der Bär ein-, zweimal kräftig zugeschlagen, und Rudi hätte für immer zu Ende gedacht. Rudi steht aber unter totalem Stress. Der Stress schenkt ihm die Denkblockade, denn jetzt ist es für seinen Körper wichtiger, Energiereserven zu mobilisieren und für eine optimale Durchblutung der Muskeln zu sorgen, damit er wegrennen kann, statt sich groß Gedanken zu machen.

Genau genommen hat der liebe Gott den Menschen die Denkblockade geschenkt, damit sie überleben. Ob er ihnen heute noch so ein großzügiges Geschenk machen würde, ist äußerst fraglich, wenn man sieht, wie sie die Schöpfung inzwischen zugrunde gerichtet haben. Aber geschenkt ist nun mal geschenkt.

Die Denkblockade ist also in vielen Situationen unseres Lebens sinnvoll, ja gar die letzte Chance. Doch macht sie sich leider auch in Bereichen breit, in denen wir sie ganz und gar nicht haben wollen. In Situationen, in denen es darauf ankommt, Worte zu finden, fehlen uns eben die Worte. Aufregung, Angst ist der Grund. Zunächst ist Aufregung natürlich «nur» ein Gefühl, aber es hat ebenfalls eine körperliche Komponente.

Ungewohnte oder mit unangenehmen Erinnerungen verknüpfte Situationen lösen über das Zwischenhirn und den Sympathikusnerv eine biochemische Reaktion in der Nebenniere aus: Die beiden Stresshormone Adrenalin und Noradrenalin werden freigesetzt. Sie wollen uns zu Kampf oder Flucht verhelfen. Um diese Urreaktionen sofort ausführen zu können, blockieren die beiden Hormone das Denken. Denn es ginge viel zu lang, bis unser Gehirn abgewogen hätte, was für die jeweilige Situation sinnvoll ist. Der Körper wird in Höchstleistungsform versetzt. Im Gehirn aber werden die Schaltstellen lahm gelegt, damit ja keine «dummen Gedanken» entstehen können, die der Rettung des Individuums womöglich entgegenstehen könnten.

Seit der Zeit im Neandertal bis heute ist eine Menge Zeit vergangen, und wir haben schon etwas dazugelernt. Aber zum Glück gibt es die Denkblockade immer noch. Was für unsere Urahnen existenziell wichtig war, ist es auch für uns in bestimmten Bedingungen. In vielen anderen Situationen unseres heutigen, alltäglichen Zusammenlebens ist sie nicht mehr opportun. Die Zivilisation ist vorangeschritten, und so sind uns diese archaischen Alternativen der zwei Wege – abhauen oder dreinschlagen – in den meisten Fällen verbaut. Zwar würden wir heute noch gern dem Chef den Schreibtischstuhl über den Kopf hauen oder durchs Fenster flüchten – nur was würde die Rechtsprechung dazu sagen? Es gibt Wege, Denkblockaden «zeitgemäß» vorzubeugen. Diese Wege sind reine Kopfarbeit und schneller erlernbar als eine der gängigen Entspannungstechniken.

Ereignisse nachleben und vorausleben

Wir beschäftigen uns gezielt mit verunglückten Kommunikationssituationen. Verunglückt sind diese Begegnungen deshalb, weil sich für einen guten zwischenmenschlichen Umgang an falscher Stelle eine Denkblockade eingeschlichen hat. Aber wie immer im Leben ist vorbeugen besser als heilen. Mit der Denkblockade umzugehen, heißt, sich mit ihr auseinander zu setzen. Machen Sie sich immer wieder bewusst, dass sie in so vielen Situationen Ihres Lebens einen Sinn hat und deshalb nicht schlimm sein kann, zumindest nicht so schlimm, wie Sie es in den entsprechenden misslichen Momenten empfinden.

Zum Vorbeugen zukünftiger Blackouts versetzen Sie sich im Nachhinein mit Gewinn nochmals in eine jener Situationen, während der Sie blockiert waren. Vergegenwärtigen Sie sich die Situation ganz genau und überlegen Sie, was Sie hätten machen können. Dann spielen Sie sie in Ihrer Vorstellung genau durch, aber so, wie Sie sie gerne beherrscht hätten. Achten Sie darauf, wie Sie sich fühlen, wie Sie nun plötzlich Ihr Umfeld sehen und wie Sie jetzt hören. Sie genießen bei jedem Durchspielen Ihre neue Handlungsfreiheit. Je mehr Alternativen Sie finden können, umso schneller werden Sie Ihre Denkblockaden los. Denn wer hundert Alternativen zum Blackout im Kopf durchgespielt hat, dem fallen im Fall des Falles sicher noch sieben oder acht ein. Dabei reicht eine!

Da das Thema für viele sehr wichtig ist, lassen Sie es mich anhand eines Beispiels durchgehen:

Sie starten mit Ihrer Arbeit «Deckblockaden auflösen» mit vergangenen Erlebnissen. Sie erinnern sich an eine Situation, in der das Ansprechen nicht geklappt hat, weil Ihr Mund wie versiegelt, Ihr Hirn wie vernagelt war.

Nehmen wir an, es war das letzte Straßenfest; da wollten Sie die nette Person neben sich ansprechen, die wie Sie in der Schlange stand, um Essenbons zu kaufen. Doch da fiel Ihnen nichts ein, totale Funkstille im Hirn. Aber sobald Sie an Ihrem Platz saßen, inzwischen das leckere Menü vor sich, fiel Ihnen ein guter Spruch nach dem anderen ein.

Versetzen Sie sich bitte genau in diese Situation am Bon-Verkaufsstand. Sie erleben nochmals das Gefühl, aber Sie sind natürlich inzwischen weit weg von der «Gefahrenzone», so dass das Denken sehr wohl funktioniert. Jetzt erfinden Sie in Ihrer Fantasie mindestens drei Reaktionsmöglichkeiten und denken Sie jede bis zum Ende durch. Erst wenn das Gefühl in Ihrer Magengrube Ihnen jedes Mal sagt: «So hätte es gehen können, so hätte ich mich wirklich wohl gefühlt», ist Ihre Kopfarbeit zu Ende gebracht.

Und stellen Sie sich in Gedanken jeweils vor, wie die Person reagieren könnte und was Sie dann darauf wieder sagen könnten. Denken Sie sich am besten mehrere Reaktionsmöglichkeiten der Person aus und folgerichtig auch entsprechend viele Reaktionen von Ihnen darauf. Lassen Sie uns das wie bei einem Drehbuch durchspielen:

Die erste Idee:

Sie drehen sich zu der Person um und fragen:	«Können Sie mir den Geldschein wechseln: Erfahrungsgemäß wird an solchen Ständen lieber Kleingeld genommen.»

Hier sind drei mögliche Reaktionen und Ihr jeweiliger Einstieg ins Gespräch:

Person:	«Sorry, aber ich habe auch nur einen Schein.»
Sie:	«Na, dann kriegen die gleich zweifach Stress, wenn meine Vermutung stimmt. Welche Erfahrungen haben Sie denn an solchen Ständen gemacht?»

Oder:

Person:	«Das geht nicht. Ich habe nur so viel Kleingeld dabei, wie ich ausgeben will.»
Sie:	«Na, da gehen Sie aber sehr streng mit sich um. Was machen Sie, wenn es überraschend was gibt, was Sie kaufen möchten und das über Ihr Budget hinausgeht?»

Oder:

Person:	«Nee, das mache ich nicht. Man hört so viel über Gaunereien. Gerade bei solchen Festen.»
Sie:	«Das verstehe ich. Da habe ich vor kurzem eine witzige Gaunergeschichte gelesen, die aber eher lustig als gemein ist.»

Die zweite Idee:

Sie drehen sich zu der Person um und sagen:	«Wenn ich mich jetzt vordränge, sind Sie sauer. Aber ich verhungere sonst auf der Stelle.»

Hierzu drei mögliche Reaktionen und Ihr jeweiliger Einstieg ins Gespräch:

Person:	«Meinetwegen, dann verhungern Sie halt. Hier stellen sich alle an.»
Sie:	«Jetzt bin ich aber platt. Sie glauben mir, dass ich dann verhungern würde?»

Oder:

Person:	«Vordrängen finde ich nicht gut. Ich habe auch Hunger.»
Sie:	«War nur ein Spaß. Die stehen hier alle schweigend rum, und ich wollte, dass ein bisschen geredet wird. Dann vergeht die Wartezeit schneller, und wir merken nicht so, dass wir so hungrig sind.»

Oder:

Person:	«Okay, dann gehen Sie mal. Ich kann's erwarten.»
Sie:	«Danke. Ich mache Ihnen einen Vorschlag: Ich bringe Ihre Bons mit, dann sind wir gleich schnell am Ziel.»

Die dritte Idee:

Sie drehen sich zu der Person um und sagen:	«Da ist man stundenlang beschäftigt und kriegt nichts vom Fest mit. Erst hier anstehen und nachher am Essenstand nochmals.»

Hier nochmals drei mögliche Reaktionen und Ihr jeweiliger Einstieg ins Gespräch:

Person:	«Das macht nichts. Ich habe Zeit und genieße auch so die Atmosphäre.»
Sie:	«Eigentlich haben Sie Recht. Für mich ist jetzt ja auch Freizeit. Und wenn wir hier ein Schwätzchen halten und uns die Zeit verkürzen, macht das Fest beim Schlangestehen Spaß.»

Oder:

Person:	«Mir stinkt das auch, dass man sich nur die Beine in den Bauch steht.»
Sie:	«Wollen wir aus der Not eine Tugend machen und uns ein bisschen unterhalten? Dann vergeht die Zeit schneller.»

Oder:

Person:	«Wenn es nachher schmeckt, ist ja alles o. k.»
Sie:	«Mir wird es nachher sicher schmecken, denn ich weiß schon, was ich mir holen werde. Beim letzten Fest hat das jedenfalls ganz toll geschmeckt. Wofür werden Sie sich denn nachher entscheiden?»

Doch mit der Vergangenheitsbewältigung ist Ihr Üben noch lange nicht zu Ende. Jetzt haben Sie zwar die Vergangenheit im Griff, aber was ist mit der Zukunft, mit zukünftigen Kontaktmöglichkeiten?

Also wird anschließend nach derselben Methode für die Zukunft geübt. Stellen wir uns vor: Sie planen in den nächsten Tagen eine lange Zugfahrt, sagen wir von München nach Berlin. Höchstwahrscheinlich wird im Abteil, in dem Sie sitzen, unter den Fahrgästen jemand sein, der Ihnen sympathisch ist und mit dem Sie sich ganz gern ein bisschen unterhalten würden. Immerhin werden Sie fast sieben Stunden unterwegs sein.

Ähnlich wie bei Ihrer «Vergangenheitsbewältigung» überlegen Sie sich jetzt in Ihrem «Zukunftstrip» mehrere Möglichkeiten des Einstiegs und mehrere Möglichkeiten der Reaktion der Ihnen völlig unbekannten Person und wieder mehrere Möglichkeiten Ihrer Antworten, die das Ziel haben, die Kommunikation fortzusetzen. Dann können Sie das Ganze nochmals variieren und zum einen mit einer Frau, zum anderen mit einem Mann durchspielen, dann mit einer Frau, die deutlich jünger ist als Sie, dann mit einer, die deutlich älter ist als Sie, dann mit einem Mann, der deutlich jünger ist als Sie, dann mit einem Mann, der deutlich älter ist als Sie, dann, dann, dann ... die Spielvarianten sind groß.

Doch der Übungen im Vorfeld ist noch nicht genug. Jetzt suchen Sie auch noch nach möglichen Wegen, wenn es nicht so klappt, wie Sie es gern hätten. Dazu stellen Sie sich folgende Situation vor: Sie wollen die nette Person in Ihrem Zugabteil ansprechen, und schon schnürt sich Ihnen der Hals zu. Dazu kommt, dass die schlimmste Situation eintritt, und die heißt, dass diese nette Person gar nichts von Ihnen wissen will. Ihr Ausweg ist wieder reine Gedankenarbeit, denn Sie suchen wieder nach mindestens drei Wegen, mit diesem «schlimmsten Fall» umzugehen. Warum benötigen wir übrigens gerade drei Wege?

- Wüssten Sie nur einen Weg, würden Sie einem Roboter gleich reagieren. Ein Roboter, der nur nach vorne rennen kann, hat mit dieser einzigen Möglichkeit so lange Glück, so lange er kein Hindernis vor sich hat.

- Wüssten Sie zwei Wege, müssten Sie sich entscheiden, welcher der bessere ist. Sie stehen am Scheideweg, ein Weg geht nach rechts, der andere in die entgegengesetzte Richtung nach links. Jede Entscheidung kann richtig sein, jede kann aber auch falsch sein.
- Erst ab drei Wegen haben Sie die freie Wahl – und der Stress hat damit keine Chance mehr. Stress tritt nur dann auf, wenn wir Druck haben, weil uns nichts einfällt.

Ruhe kehrt ein, wenn wir den freien Blick haben. Stellen Sie sich vor: Sie haben Scheuklappen links und rechts am Kopf und gehen auf einem Weg. Plötzlich erhebt sich vor Ihnen ein riesiger Stein. Sie können weder rechts noch links daran vorbei. Sie müssen aber schnell, nein: sofort! geradeaus. Panik tritt ein. Nun nehmen Sie die Scheuklappen ab und sehen rechts zwei kleine Wege, links gar drei, und alle führen hinter dem Stein wieder zusammen. Zudem erkennen Sie, dass der Stein gar nicht so hoch ist, sondern dass Sie sogar darüberspringen könnten. Wie geht's Ihnen jetzt? Die Panik? Ist sie noch da? Nein, natürlich nicht, denn Sie haben die freie Wahl, weil plötzlich so viele Wege zum Ziel führen.

Lassen Sie uns nun zurückkehren zur Situation im Zugabteil und drei Wege finden, um mit der oben beschriebenen negativen Situation zurechtzukommen. Der Kopf will leer werden. Jetzt sagen Sie sich still: Stopp! Und stellen sich stattdessen die entscheidende Frage: Was kann denn schlimmstenfalls passieren, wenn ich sie jetzt doch anspreche? Die Antwort ist individuell und ein Maß für die eigene Angst. Nehmen wir der Einfachheit halber eine unfreundliche Reaktion der fremden Person: Der «schlimmste Fall» ist, dass sie sich mit einem schnippischen «phü» wegdreht.

Was könnten Sie tun, wenn die nette Person im Zug sich nach Ihrer Ansprache spöttisch von Ihnen abwendet?

Erste Möglichkeit:

Sie verbuchen das als Übungssituation. Sie reflektieren, was Sie beim Beachten des Umfeldes noch verbessern müssen, damit Sie Signale rechtzeitig erkennen. (Siehe auch unter dem Abschnitt «Korb», Seite 54)

Zweite Möglichkeit:

Sie verbuchen es als Übungssituation der Person, die gerade dabei ist, «nein sagen» zu lernen, und es noch nicht so richtig kann. Aber es ist immerhin ein guter Ansatz, denn sie hat ihr Ziel erreicht.

Dritte Möglichkeit:

Sie nehmen es ganz gelassen als ein Zeichen dafür, dass Ihnen ein langweiliges Gespräch erspart bleibt.

Wir sind mit unserem Beispiel jedoch noch nicht am Ende. Sie bauen nun in Gedanken die erste und die zweite Möglichkeit aus, und das heißt: Sie versuchen es mit einer anderen Methode und überprüfen, ob das «Nein» nun wieder kommt. Falls die neue Kommunikationsstrategie aber zu einem positiven Ergebnis führt, dann testen Sie Möglichkeit drei weiter, ob der Verdacht, Ihnen sei ein langweiliges Gespräch entgangen ist, zutrifft oder nicht.

Wirklich spannend wird es, wenn Sie Möglichkeit drei umarbeiten und dafür sorgen, dass es, egal was die andere Person zum Gespräch beiträgt, niemals zu einer langweiligen Begegnung kommen wird, weil Sie in Sachen Kommunikationstechnik so viel gelernt haben, dass Sie alles auffangen können, weil Sie über ein so breites Wissen verfügen, dass Sie immer mit Freude mitreden können, weil Sie die Verantwortung für Ihr Kommunikationsverhalten übernommen haben.

Diese Methode des «Vorausdenkens» hilft aus so mancher Sackgasse heraus. Wichtig ist, dass Sie diese Lösungswege in Gedanken richtig durchspielen.

Daher wiederhole ich nochmals meinen Hinweis: Bitte lassen Sie diese vielen alternativen Wege, die Sie sich ausdenken, mit all Ihren Sinnen auf sich wirken, leben Sie sie förmlich durch und schmücken Sie so lange aus, bis sich kein ungutes Gefühl mehr hält, sondern Sie ganz sicher spüren: «So geht's!»

Sich an die Ressourcen erinnern

Denkblockaden treten dann auf, wenn der Zugang zu den eigenen Fähigkeiten, zum sonstigen Können, zu Ihren ganz persönlichen Ressourcen versperrt ist. Bei Denkblockaden mag aber auch die Gewichtung eigener Erlebnisse eine Rolle spielen. Vielleicht hatten Sie manchmal eine falsche Sicht der Dinge.

Sie haben in Ihrem Leben schon so viele unangenehme Situationen gemeistert – Situationen, die ein schnelles Reagieren erforderten, Situationen, in denen es Mut brauchte, Situationen, die mit Peinlichkeiten verbunden waren – die Beispiele ließen sich, wie bei unser aller Leben, gewiss lange fortführen.

Für unseren Zweck gilt nun, sich einer oder gleich mehrerer Fähigkeiten zu erinnern, mit der Sie solche Situationen sozusagen mit nachtwandlerischer Sicherheit bestanden haben. Was man selbst schon erlebt hat, was man gemeistert hat, gibt einem die Gewissheit, Ähnliches in künftigen Situationen zu meistern.

Was machen Sie denn, wenn Sie jemanden nach dem Weg fragen? Oder: Ihre Uhr ist stehen geblieben, und Sie müssen unbedingt wissen, wie spät es ist, weil Sie zu einem Termin pünktlich sein möchten ... Was machen Sie, wenn Sie jemanden nach der Uhrzeit fragen?

Oder denken Sie an Situationen im Beruf. Sie haben ein Gespräch mit einer Geschäftsfrau, die eventuell bald zu Ihren Kundinnen zählen wird. Sie sehen sie das erste Mal – und Sie reden mit ihr! Natürlich sind Sie nicht unvorbereitet, Sie haben sich schon mal in sie hineinversetzt, Sie haben in Gedanken nach möglichen Einwänden gesucht, die sie vorbringen könnte, Sie haben ihre möglichen Gegenargumente in Gedanken entkräftet. Für unser Thema ist der *Beweis* wichtig, der Beweis, dass Sie mit Fremden reden können, dass Sie Fremde ansprechen können.

Daran sehen Sie, dass Sie genug Ressourcen haben, denn Sie haben schon so oft mit Fremden geredet. Unter Ressourcen verstehen wir die «Bodenschätze» Ihres ganz persönlichen Könnens. Das sind Ihre Fähigkeiten, die Sie in so vielen Situationen ohne nachzudenken blind beherrschen. Mehr noch: Das sind die Fähigkeiten, die Sie von Geburt an haben, aber bislang brachliegen ließen, weil es sich nicht ergeben hat, sie zu trainieren, weil Sie vergessen haben, dass Sie diese Schätze in sich tragen. In Stresssituationen scheint es, als sei der Stollen eingebrochen, der zu Ihren ganz persönlichen Bodenschätzen führt.

Stehen Sie sich nicht mehr selbst im Wege!

Nicht die Dinge selbst beunruhigen die Menschen, sondern die Vorstellung von den Dingen!

EPIKTET, STOISCHER PHILOSOPH, * UM 50 N. CHR.

Es sind innere Bilder oder Klänge oder Stimmen, vielleicht ein Geruch oder ein Geschmack, die uns zurückhalten, manchmal gar Angst machen. Diese Bilder und Sinneseindrücke rufen Erinnerungen an Situationen wach, in denen wir nicht so waren, wie wir es gern gewesen wären.

Zu alldem gesellt sich eine «innere Kommentarstimme», die die dazu passenden Überzeugungen kennt und nicht zögert, sie uns einzuflüstern. Sie scheint uns nichts zuzutrauen und wiederholt gerne solche Sätze wie: «Du schaffst das eh nie!» oder «Dir bleibt doch bloß wieder die Stimme weg!». Darüber hinaus hat sie Sprüche drauf, die uns womöglich von klein auf begleiten und die sie in den Rang eines Glaubenssatzes erhoben haben. Das sind Sätze wie «Der Weg zum Erfolg ist steinig!» oder «Reden ist Silber, Schweigen ist Gold». Die Bilder und Sinneseindrücke der eigenen Versagenserlebnisse und das ständige interne Gewisper, was wir nicht sind und nicht können, mahnen uns beharrlich, was alles passieren könnte.

Dabei gibt es genügend Situationen in unserem Leben, in denen wir top waren. Da uns da keiner gelobt hat – einschließlich wir uns selbst nicht, versteht sich –, haben wir sie nicht richtig registriert. Bei den Situationen aber, bei den wir versagt haben, hat uns prompt jemand getadelt. Notfalls, wenn keiner zum Tadeln da war, waren wir es selbst. Wir verdrängen also unsere Pluspunkte zugunsten schlechter Erinnerungen und Erfahrungen. Wir kennen so viele Kraft spendende Sprüche und Zitate, aber wir klammern uns an die, die uns runterziehen.

Gehen wir nun einen Schritt weiter. Ich bitte Sie jetzt, wirklich fair zu sich zu sein: Wie sieht denn Ihre Bilanz aus, wenn Sie Versagen gegen Gelingen aufrechnen? Da sind doch die Versagenssituationen absolute Mangelware. Sie aber hängen diesen Momenten nach und geben ihnen dieses unverdiente Übergewicht, während Sie Ihrem Gelingen kaum einen Gedanken gönnen.

All die Dinge, die Ihnen ganz selbstverständlich von der Hand gehen, die Sie mit einem «Das ist doch nichts!» abtun, das alles sind Ihre Erfolge. Wenn Sie korrekt aufrechnen, dann machen die Misserfolge vielleicht fünf bis zwei Prozent aus. Und wie sieht es demgegenüber mit der Zeit aus, die Sie mit Selbstvorwürfen, Selbstzweifeln, unnötigem Zögern zubringen? Ich will den Prozentsatz gar nicht wissen. Ich möchte vielmehr, dass Sie ihn rasch vermindern.

Vom positiven Denken

Kommunikation ist nicht nur ein Dialog mit anderen, kommunizieren können wir auch mit uns selbst: bei der eigenen Motivation, beim Selbstmanagement und wenn wir unsere nächsten Ziele formulieren. Kommunikation mit anderen bewirkt eine Veränderung im Denken, aber auch in der Befindlichkeit. Also hat die Kommunikation mit sich selbst eine Veränderung zur Folge.

Zuständig für jede Veränderung ist unser Gehirn. Also heißt es, das Gehirn so zu programmieren, dass alte, negative Erfahrungen an Bedeutung verlieren und statt derer positive Zielvorgaben «installiert» werden. Der Satz «Ich will nicht mehr ängstlich sein!» lässt kaum neuen Schwung aufkommen. Vielmehr weckt das Wort «ängstlich» erneut Erinnerungen, in denen Sie ängstlich waren. Dass dieses «ängstlich» verneint wird, nimmt Ihr Gehirn zwar zur Kenntnis, aber es weiß nicht, was es stattdessen denken soll.

Falsch: Ich bin überhaupt nicht ängstlich!
Richtig: Ich bin mutig!

Dass positive Formulierungen notwendig sind, um das Gehirn und damit unser Denken nach vorne, dem Ziel näher zu bringen, zeigt ein augenfälliges Beispiel.

Stellen Sie sich vor: Sie planen die Neueinrichtung Ihrer Wohnung. Sie sagen sich: «Ich möchte keine Stilmöbel, ich möchte kein

Ledersofa, ich möchte keine Spülmaschine, ich möchte keine Sitzecke, ich möchte keine blauen Regale ...» und so fort. Das ist als erster Schritt durchaus lobenswert, denn Sie arbeiten nach dem Ausschlussverfahren, legen also erst einmal fest, was Sie alles nicht wollen.

Nur: Wie wird Ihre Wohnung eingerichtet sein, was wird wo seine Funktion erfüllen? Sie wissen nur, was Sie nicht wollen, aber Sie wissen nicht, wie Sie sich einrichten werden. Wenn Sie aber diese Negativbotschaften auch noch dem netten Verkäufer in der Möbelabteilung sagen und abschließen mit dem Auftrag: «Nun richten Sie mir alles schön ein», dann wird er den Kopf schütteln und Sie ziemlich verärgert fragen: «Was wollen Sie denn jetzt? Ich kann meine Zeit besser verbringen als mit Rätselraten!» Oder er gehört zur raren Gattung der höflichen Verkäufer und wird Ihnen eine Einrichtung zaubern, von der Sie gar nicht wussten, dass es so etwas gibt. Aber dass Sie sich darin wohl fühlen, wäre ein großer Zufall, oder es bedarf eines Hellsehers. Nur: Wie viele Hellseher, die in Möbelgeschäften angestellt sind, kennen Sie?

Im Management-Training lernen die Teilnehmerinnen und Teilnehmer für die Zielvorgabe, dass das Ziel konkret, erreichbar, messbar, terminiert und positiv formuliert sein muss. Für unser Anliegen, bald auf Fremde zuzugehen, ungezwungen mit ihnen plaudern zu können, wollen wir unsere fünf Sinne schon mal ein bisschen mitarbeiten lassen.

Wir wollen positiv das Ziel formulieren, und uns innerlich in den Zustand versetzen, wie es sein wird, wenn wir das Ziel erreicht haben. Wir wollen uns überlegen, was uns bisher gehindert hat, dieses Ziel zu erreichen. Wir wollen uns überlegen, welche inneren Kräfte wir mobilisieren müssen, um das Ziel zu erreichen; eventuell brauchen wir Hilfen von außen, damit es leichter geht.

Und ganz wichtig: Wir werden einen Sprung in die Zukunft machen und uns überlegen, was das für unsere nächste Umgebung für Folgen haben wird. Denn wenn wir unser Ziel erreicht haben, haben wir unser Verhalten verändert und sind nicht mehr die Person, die wir vorher waren.

Ein Ziel hat nichts mit einem Wunsch zu tun. Die Zeit, als das Wünschen noch geholfen hat, liegt wohl viele hundert Jahre zurück. Oder haben Sie noch eine Fee im Schlepptau? Wünsche haben wir viele, Wünsche sind auch etwas Schönes, zum Geburtstag oder zu Weihnachten allemal. Aber der, der uns den Wunsch erfüllen soll, hat die freie Wahl, ob er es tun will oder nicht. Setze ich aber alles daran, mir meinen Wunsch zu erfüllen, mit meinem Wissen und Können, mit meinen Fähigkeiten und Ressourcen, dann wird der Wunsch zum Ziel.

Ein Ziel ist eine Vorgabe, die so gesteckt ist, dass ich sie aus eigener Kraft erreichen kann. Dabei trage ich, und nur ich, die Verantwortung, ob das Ziel die richtige Größe hat, mich weder unter- noch überfordert. Ich allein bin dafür verantwortlich, dass ich mein Ziel erreiche.

Für die folgende Übung nehmen Sie bitte ein Blatt Papier und schreiben Ihre Antworten auf die folgenden Fragen nieder!

Eine Checkliste und ihre Anwendung

Übung:

1. Was ist Ihr Ziel?
2. Woran würden Sie merken, dass Sie dieses Ziel erreicht haben?
3. Welches Gefühl werden Sie haben, wenn Sie Ihr Ziel erreicht haben? Wie wird dieses Gefühl genau sein?

Was werden Sie dann sehen?
Was werden Sie dann hören?
Werden Sie etwas riechen, einen Geschmack wahrnehmen?

4. Was geben Sie auf, wenn Sie Ihr Ziel erreichen?
   Oder anders gefragt:
   Was ist das Gute an Ihrem jetzigen Zustand?
5. Welche Hilfe brauchen Sie, um das Ziel zu erreichen?
6. Welche Ressourcen haben Sie bereits?
7. Was steht Ihnen zur Erreichung des Ziels im Weg?
   Ein Gefühl?
   Eine Überzeugung?
   Eine Erinnerung?
   Oder was sonst?
8. Und nun machen Sie in Gedanken einen Sprung in die Zukunft: Sie haben Ihr Ziel erreicht, und es ist schon zur Selbstverständlichkeit geworden:
   Wie hat sich Ihr Leben dadurch verändert?
   Wie hat Ihr engster Kreis darauf reagiert?
   Welche anderen Folgen hatte dieses Ziel?
   Stimmen Sie diesen Folgen zu?
   (Wer hier nicht aus vollem Herzen «ja» sagt, sollte zu Punkt eins zurück und sich überlegen, ob die Formulierung des Ziels so optimal ist, und dann alle weiteren Schritte nochmals durchgehen.)
9. Was tun Sie zuerst?

Die letzte Frage ist von besonderer Bedeutung. Denn die großartigsten Zielvorgaben nützen nichts, wenn wir nie den ersten Schritt tun. Ein Ziel erreichen wollen heißt sich auf den Weg machen, Schritt für Schritt. Daher gehört der erste Schritt in die Überlegung hinein. Dieser erste Schritt zum Ziel muss konkret sein, muss machbar und messbar sein und muss vor allem einen festen Termin der Realisierung haben!

Um diese Checkliste zur Zielvorgabe anschaulicher zu gestalten, wollen wir sehen, wie Karl sie gestalten würde. Karl ist 34 Jahre alt, er hat einen ganz passablen Freundeskreis, doch in letzter Zeit sind mehrere weggezogen, und sein bester Freund Hans hat geheiratet, und seitdem ist mit ihm nichts mehr anzufangen. Das hat für Karl zur Folge, das er allein weggehen muss – müsste, heißt es hier korrekt, denn er hat bisher immer tausend Ausreden gefunden, warum es ausgerechnet heute nicht in seine Planung passt, allein in der Kneipe um die Ecke etwas zu essen oder sich den neuen Film mit Clint Eastwood anzuschauen oder in das Konzert von Pur zu gehen. Karl beschließt, dass all seine faulen Ausreden der Vergangenheit angehören und dass er sich heute auf den Weg in eine neue Zukunft macht. Er startet mit seiner ganz persönlichen Zielvorgabe.

1. Was ist mein Ziel?

Mein Ziel ist es, bis in drei Monaten, genau: bis zu meinem Geburtstag am 17. April, Menschen, die ich sympathisch finde, ansprechen zu können.

2. Woran würde ich merken, dass ich dieses Ziel erreicht habe?

Der Kloß im Hals wäre weg. Ich würde fröhlich aus dem Haus gehen und diese innere Sicherheit spüren, dass ich mit jeder Person reden kann, die mir begegnet.

3. Welches Gefühl werde ich haben, wenn ich mein Ziel erreicht habe?

Ich hätte dann dieses beschwingte Gefühl, das sich in meinem ganzen Körper breit macht, wenn mir etwas besonders gut gelingt.

Wie werde ich dann meine Umgebung sehen? Was werde ich dann hören? Was werde ich riechen, was schmecken?

Irgendwie sehe ich etwas Gelbes vor mir. Ja, und ich höre leise Klaviermusik. Außerdem duftet es nach frisch aufgebrühtem Kaffee.

4. Was gebe ich auf, wenn ich mein Ziel erreiche?
   Oder anders gefragt:
   Was ist das Gute an meinem jetzigen Zustand?

Das Gute ist, dass ich jammern kann. Jammern über die Stoffeligkeit der anderen, die einfach stumm mir gegenübersitzen. Das heißt: Aufgeben werde ich meinen Vorwand: Die andern sind schuld!

5. Welche Hilfe brauche ich, um das Ziel zu erreichen?

Für den Anfang nehme ich den Hund von Lotte mit und baue drauf, dass er mir den ersten Schritt erleichtert, weil ihn die Leute so niedlich finden.

6. Welche Ressourcen habe ich bereits?

Ich habe lange gebraucht, bis ich mir das Rauchen abgewöhnt habe. Das war auch eine Verhaltensänderung. Ich habe also die Geduld, ich habe das Durchhaltevermögen und ich bin konsequent.

Noch was: Als ich in England war, ist es mir anfangs wahnsinnig schwer gefallen, mit den Leuten zu reden, obwohl ich in der Schule ganz gut in Englisch war. Aber mit den Einheimischen, das war dann doch etwas anders. Schließlich finde ich auch nicht jeden Akzent lustig. Von den Engländern sagt man ja, dass die bei Grammatik- und Aussprachefehlern besonders streng seien. Habe ich zumindest vorher gehört. Nach zwei Wochen habe ich endlich gewagt, einfach loszulegen, und die waren so freundlich zu mir. Das ist noch eine Ressource.

7. Was steht mir zur Erreichung des Ziels im Weg?
   Ein Gefühl?
   Eine Überzeugung?
   Eine Erinnerung?
   Oder was sonst?

Wohl eine Überzeugung, nämlich dass mir bestimmt nichts Schlaues einfällt, wenn ich Fremde anspreche. Eine Erinnerung habe ich, nein, aus der einen Erinnerung wird gleich ein ganzes Dutzend. Mindestens zweimal in der Woche wollte ich morgens oder abends in der U-Bahn mit jemandem quatschen. Nicht mal hingeguckt habe ich, geschweige denn was gesagt. Denn beim letzten Filmfest im Kino in unserer Straße, da hab ich's probiert und prompt einen Korb gekriegt.

8. Und nun machen Sie in Gedanken einen Sprung in die Zukunft: Sie haben Ihr Ziel erreicht, und es ist schon zur Selbstverständlichkeit geworden:
   Wie hat sich mein Leben dadurch verändert?

Ich muss meine Zeit ganz anders einteilen, denn beim Ansprechen ist es nicht geblieben. Ich habe eine Menge neuer Leute kennen gelernt, mit denen ich auch etwas unternehmen möchte.

Wie hat mein engster Kreis darauf reagiert?

Die haben gestaunt. Da gab's doch wirklich ein paar Eifersüchteleien. Damit habe ich nicht gerechnet. Ich musste mit Vorwürfen zurechtkommen, nun nicht mehr so viel Zeit für die alten Bekannten zu haben. Vor allem Peter und Susanne haben da Ansprüche angemeldet. Da muss ich mir im Vorfeld genau überlegen, wie ich damit umgehen werde, damit ich mich nicht wieder in mein Nicht-ansprech-Schneckenhaus zurückziehe.

Welche anderen Folgen hatte dieses Ziel?

Ich bin toleranter geworden. Und neugieriger auf Neues und Fremdes. Und ich möchte gern noch mehr experimentieren, noch andere Verhaltensweisen, die mir nicht so gut gefallen, verändern.

Stimme ich diesen Folgen zu?

Ja, klar!

9. Was tue ich zuerst?

Nachher, wenn ich zum Einkaufen gehe, werde ich einen Kunden fragen, wo der Kaffee steht, und wenn die Frau an der Kasse wieder so schlecht gelaunt ist, werde ich ihr sagen, dass sie es für heute bald geschafft hat.

Dieser letzte Punkt, der Punkt neun, ist für Karl nach dieser «Vorarbeit im Kopf» ganz selbstverständlich. Denn er hat sein Ziel präzise formuliert und sich den Erfolg schön ausgemalt. Er wundert sich richtig, wie begierig er plötzlich ist, so schnell wie möglich loszulegen. Diese schöne Erinnerung an seinen Englandaufenthalt hat ihn absolut motiviert.

Und dass ihm rechtzeitig eingefallen ist, dass er Peter und Susanne nicht vernachlässigen darf, um keiner Ärger zu kriegen, das gibt ihm ein gutes Gefühl. Ja, plötzlich hat er die Power, die er braucht, um sofort loszulegen.

Diese Checkliste zur Zielvorgabe gilt natürlich auch für berufliche Small Talk-Situationen.

Dazu nehmen wir als Beispiel Martha. Sie ist 41 Jahre alt, hat einen guten Job bei einem großen Autohaus in der Verkaufsabteilung. Doch sie möchte sich auf lange Sicht verändern. Am besten im eigenen Haus und da am liebsten im Bereich Marketing. Da wäre es doch ganz sinnvoll, meint Martha, mit dem Sohn des Inhabers, der für Marketing zuständig ist, ins Gespräch zu kommen, ganz zwanglos und keineswegs gleich in Form einer internen Bewerbung. Bisher hat sie mit Herrn Maier junior noch kaum ein Wort gewechselt, obwohl sie ihn immer wieder im Haus trifft. Es hat einfach nie gepasst. Mal war er in ein Gespräch mit seiner Sekretärin vertieft, mal mit einem Besucher unterwegs – und überhaupt ist er immer so in Eile. Martha beschließt, dass ihre faulen Ausflüchte der Vergangenheit angehören und dass sie heute damit beginnt, ihre berufliche Zukunft in die Hand zu nehmen. Ihre Liste sieht folgendermaßen aus:

1. Was ist mein Ziel?

Mein Ziel ist es, bis in vier Wochen, genau: bis zum 4. September, Herbert Maier ansprechen zu können.

2. Woran würde ich merken, dass ich dieses Ziel erreicht habe?

Ich habe ihn angesprochen. Ich würde diese innere Sicherheit spüren, mit der ich im Verkaufsgespräch merke, dass der Kunde echtes Interesse hat.

3. Welches Gefühl werde ich haben, wenn ich mein Ziel erreicht habe?

Ich hätte dann dieses warme Gefühl im Bauch, das ich immer nach bestandenen Prüfungen hatte.

Wie werde ich dann meine Umgebung sehen? Was werde ich dann hören? Was werde ich riechen, was schmecken?

Ich sehe das Autohaus in viel mehr Licht. Hören tue ich nichts Besonderes, aber es riecht nach Leder.

4. Was gebe ich auf, wenn ich mein Ziel erreiche?

Oder anders gefragt: Was ist das Gute an meinem jetzigen Zustand?

Das Gute ist, dass ich mich mit meinen Plänen, zu wechseln, doch nicht so ernst auseinander setzen muss, sodass es nicht ein harmloser Wunsch bleiben kann. Das heißt, aufgeben werde ich meinen Vorwand: In den Stab vom Juniorchef kommt man nur mit Vitamin B, und aufgeben müsste ich den Gedanken: Nur den Seinen gibt's der Herr im Schlaf!

5. Welche Hilfe brauche ich, um das Ziel zu erreichen?

Ich werde mir die Fachzeitschriften holen und ich werde meine Kenntnisse aufbessern. Dann werde ich mit meinem Freund Heinz, der bei einem großen Konzern in der Marketingabteilung arbeitet, mein Wissen testen.

6. Welche Ressourcen habe ich bereits?

Ich kann jeden Fremden, der ins Autohaus kommt, ansprechen. Schließlich könnte es ja ein Kunde sein. Ich habe aber noch eine viel wichtigere Ressource. Ich habe hier als Aushilfe angefangen, und niemand hat einer Frau zugetraut, dass sie Autos verkaufen kann. Ich habe mich kontinuierlich weitergebildet und die Stelle im Verkauf gekriegt. Ich habe also die Fähigkeit, das zu erreichen, was ich mir vorstelle.

7. Was steht mir zur Erreichung des Ziels im Weg?

Ein Gefühl?

Eine Überzeugung?

Eine Erinnerung?

Oder was sonst?

Wohl eine Überzeugung, nämlich, dass mir die Stimme wegbleibt, wenn ich Herrn Maier gegenüberstehe. Ja, und eine Erinnerung auch, denn letzthin in unserem kleinen Aufenthaltsraum, da stand Herr Maier vor mir am Kaffeeautomaten hat sich sogar umgedreht und gegrüßt, aber ich habe nicht mal zurückgegrüßt – so perplex war ich.

8. Und nun machen Sie in Gedanken einen Sprung in die Zukunft: Sie haben Ihr Ziel erreicht, und es ist schon zur Selbstverständlichkeit geworden:

   Wie hat sich mein Leben dadurch verändert?

Ich werde allgemein selbstsicherer auftreten. Ich werde noch mehr auf die Werbe- und PR-Aktionen achten und Herrn Maier immer wieder darauf ansprechen, ihm je nachdem sogar wichtige Hinweise geben können.

Wie hat mein engster Kreis darauf reagiert?

Die haben gestaunt. Wenn ich so die Gedanken vorbeiziehen lasse, merke ich, dass ich mit Vorwürfen der Einschleimerei aus dem Kollegenkreis rechnen muss. Nein, auch meine Bekannten maulen ganz kräftig, weil meine Vorbereitungsarbeit von der gemeinsamen Freizeit abgeht, vor allem glauben sie nicht, dass mir das was bringt. Da muss ich ganz schön Energie und Selbstmotivation aufbringen, trotzdem dranzubleiben. Ich muss im Vorfeld Strategien entwickeln, damit ich nicht wieder in meine alte Lethargie zurückfalle.

Welche anderen Folgen hatte dieses Ziel?

Ich werde gezielt meine Karriere planen.

Stimme ich diesen Folgen zu?

Ja, klar!

9. Was tue ich zuerst?
Nachher, wenn ich heimkomme, werde ich Maria anrufen und ihr von meinem Plan erzählen. Ich werde ihr auch sagen, dass ich dann nur noch zweimal pro Woche mit ihr ins Fitnessstudio kann, so dass sie sich rechtzeitig nach einer Trainingspartnerin für die übrigen zwei Abende umsehen kann.

Für Martha ist der Punkt neun sehr wichtig. Auch sie fühlt sich schon allein durch diese konkrete Zielvorgabe wesentlich mutiger, wenn sie an Herrn Maier junior denkt. Eigentlich kann sie es kaum erwarten, ihm im Haus zu begegnen. Oder soll sie gar anrufen und einen Termin mit ihm vereinbaren?

Die «kleine Nörglerin»

Martha und Karl lassen ihr Ziel Revue passieren, und schon ist der «innere Kommentar» da. Diese innere Stimme sagt zu allem und jedem, was wir tun oder auch nicht tun, «ihre Meinung». Sie kann nett zu uns sein, sie kann uns aber auch ganz schön runterziehen.

Diese «innere Stimme» kann stark mit negativen Formulierungen arbeiten, sie kann uns regelrecht blockieren, und zwar gerade dann, wenn wir ein ungeliebtes Verhalten ändern wollen. So sagt sie vielleicht in Situationen, in denen die Überwindung besonders schwer fällt, so etwas wie: «Du schaffst das eh nicht, den Mund aufzukriegen! Also lass es lieber gleich bleiben!» Wenn Sie nun diesen negativen Rat «nur» positiv umformulieren in: «Ich schaffe das!», wird sie wahrscheinlich ein bisschen bockig werden und nachschieben: «Selbst wenn du es schaffst, den Mund aufzukriegen, wirst du dich dusslig anstellen.»

Diese kraftvolle Stimme wollen wir nun zu unserm Helfer machen und ihr die Nörgelei austreiben. Wir machen sie uns zunächst bewusst. Dazu sprechen Sie ihre Kommentare laut aus und ersetzen dann ihr «du» und ihr «man» durch ein selbstbewusstes «Ich». Daraus wird «Ich schaffe es eh nie» und «Selbst wenn ich es schaffe, den Mund aufzukriegen, werde ich mich dusslig anstellen».

Und jetzt, ist die Stimme in der Ich-Form nicht gleich machtvoller als in der «Du»- oder «Man»-Form? Nein, wahrscheinlich nicht. Es regt sich vielmehr Widerstand, denn das «Ich» sagt so etwas nicht. Kein Mensch wirft sich sehenden Auges und lautstark vor, ein Trottel zu sein. Es ist vielmehr eine andere Instanz, die versucht hat, uns klein zu halten. Die redet uns auch noch mit «du» an.

In einem nächsten Schritt wird der Kommentar positiv formuliert und ebenfalls laut ausgesprochen: «Ich schaffe das» und «Ich kriege den Mund auf und rede ganz vernünftig». Damit übernehmen Sie zunächst für Ihre Gedanken die Verantwortung und lassen sich nicht mehr durch alte Drohbotschaften ängstigen. Nach und nach verschwindet die unangenehme Wirkung. Dann handeln Sie.

Den umformulierten Satz geben Sie an Ihre innere Stimme zurück. Denn sie hat mehr Talente und ist nicht allein fürs Nörgeln und Miesmachen zuständig. Sie ist auch Ihr Motivator. Sollte allerdings diese andere Fähigkeit, nämlich Ihnen gut zuzureden, allzu lange brachgelegen haben, muss sie reaktiviert und geübt werden. Dabei ist es hilfreich, ein bisschen die Fantasie spielen zu lassen und den Miesepeter wie eine Schauspielerstimme zu behandeln und ihr über Regieanweisungen den gewünschten Ton und die hilfreichen Worte beizubringen.

Übung:

Sie führen Regie in einem Ein-Stimmen-Hörspiel und geben dieser inneren Stimme Regieanweisungen, so dass sie ihre neue Rolle nicht nur schnell lernt, sondern auch überzeugend spricht. Zuerst machen Sie einen Soundcheck:

- Wo hören Sie Ihre innere Stimme?
- Von rechts oder von links?
- Eher von oben oder von unten?
- Ist sie laut oder leise?
- Ist sie verschwommen oder klar?
- Ist sie hell oder dunkel?

Der erste Auftritt gehört zu der Rolle, die Ihre Stimme annimmt, wenn sie Sie blockiert. Sie erinnern sich, wie die Stimme Sie unlängst entmutigte, als Sie den netten Kollegen aus der Zentrale ansprechen wollten. Schon oft hat sie Sie erfolgreich am Ansprechen eines Fremden gehindert.

Machen Sie sich jetzt bewusst, wie sich Ihre innere Stimme aufführt, wie sie mit Ihnen in solchen Situationen umgeht.

Wie hört sich dann Ihre innere Stimme an?

- Ist sie männlich oder weiblich?
- Jung oder alt, hell oder dunkel, laut oder leise, nörgelnd oder lobend?
- Sanft oder bestimmt, verschwommen oder klar?
- Macht Ihnen diese innere Stimme Mut? Wahrscheinlich nicht.

Denken Sie jetzt an eine Situation, in der Sie sich richtig mutig gefühlt haben. Lassen Sie sich ganz in Ruhe auf dieses Gedankenexperiment ein und denken Sie ganz ruhig nach. Das muss keine Gesprächssituation mit Fremden gewesen sein. Irgendeine ganz alltäglich Situation, in der Sie sich mutig gefühlt haben. Haben Sie mal Ihrer Chefin mit gut fundierten Argumenten widersprochen? Haben Sie mal dem Kollegen, der immer so jammert, mit einem klaren «Nein» sein belangloses Ansinnen abgelehnt? Haben Sie nicht gerade letzte Woche nur die Menge gekauft, die Sie wollten, und dem beredten Verkäufer das freundlich, aber bestimmt gesagt? Wenn Sie eine solche Situation gefunden haben, dann denken Sie zurück und erinnern sich an die Stimme.

Wie hört sich jetzt Ihre innere Stimme an?

- Ist sie männlich oder weiblich?

- Jung oder alt, hell oder dunkel, laut oder leise, nörgelnd oder lobend?
- Sanft oder bestimmt, verschwommen oder klar?
- Wie fühlen Sie sich, wenn Sie diese Stimme hören? Fühlen Sie sich so mutig wie in Ihrer erinnerten Situation? Wenn ja, dann merken Sie sich diese Stimme ganz genau.

Nun vergleichen Sie die beiden Stimmvarianten. Wenn es Ihnen leichter fällt, können Sie durchaus auch annehmen, dass Sie unterschiedliche Stimmen in sich haben, dass Sie gar einen ganzen Chor in sich vereinen, aus dem je nach Situation eine andere Stimme hervortritt. Identifizieren Sie nun das Besondere Ihrer Mutstimme.

Jetzt beginnt Ihre eigentliche Regiearbeit, jetzt modulieren Sie sich Ihre Mutstimme.

Wie müsste sich diese innere Stimme anhören, wenn Sie Ihnen Mut fürs Ansprechen machen soll?

- Ist sie männlich oder weiblich?
- Jung oder alt, hell oder dunkel, laut oder leise, nörgelnd oder lobend?
- Sanft oder bestimmt, verschwommen oder klar?

Hören Sie jetzt diese Powerstimme vor Ihrem geistigen Ohr? Gibt sie Ihnen wirklich Mut und Kraft? Wenn nicht, dann «schaffen», verändern Sie den Klang, den Ton, die Lautstärke so lange, bis Ihnen die Stimme angenehm erscheint und bis Sie Ihnen wirklich das gibt, was Sie brauchen, um überall und immer ein kleines Gespräch zu führen.

Wenn der Klang allein nicht ausreicht, hilft es Ihnen vielleicht, sich jemanden vorzustellen, der diese Stimme hat und der Sie immer, wenn Sie auf Fremde zugehen wollen, mit dieser Stimme anspricht. Das muss keine reale Person sein, das kann eine Sagengestalt oder ein Fabelwesen, eine gute Fee oder auch Ihre Orchidee oder Ihre Katze sein.

Glaubenssätze blockieren oder bringen voran

Die meisten von uns werden von diversen Phrasen durchs Leben begleitet. Viele stammen schon aus der Kindheit, viele legen wir uns «unterwegs», also auch im Erwachsenendasein, ganz freiwillig zu. Ähnlich wie Vorurteile, die sich hartnäckig halten und von Generation zu Generation weitergegeben werden, lassen sich solche Glaubenssätze nur schwer bis gar nicht ausmerzen. Beispiele von Ermahnungen, die zu Glaubenssätzen werden können, sind etwa: «Rede nur, wenn du gefragt wirst!» oder «Sei bescheiden!» oder das schon erwähnte «Reden ist Silber, Schweigen ist Gold!».

Glaubenssätze spulen wir unbewusst ab. Sie machen uns zum Opfer der Umstände, und so fühlen wir uns als Opfer und werden dann von unserer Umwelt letztendlich als Opfer wahrgenommen. Die Folge: mangelndes Selbstwertgefühl, kein Vertrauen in die eigene Kraft, Angst vor eigenständigem Handeln.

Wenn der Glaubenssatz sich meldet, dann lassen Sie ihn vier Fragen passieren:

- Wozu denke ich das, was ich denke?
- Was bedeutet das genau für mich?
- Was würde passieren, wenn ich nicht mehr so dächte?
- Was daran gibt mir an diesem Gedanken Kraft und Selbstvertrauen?

Wenn es bei der vierten Frage mit Kraft und Selbstvertrauen hapert, ist es höchste Zeit, diesen Satz so umzuformulieren, dass er kraftvoll wird. Dann wird er als neuer Glaubenssatz ins Gedankenrepertoire aufgenommen. So könnte aus «Rede nur, wenn du gefragt wirst!» werden: «Ich frage, damit ich reden kann.»

Gleichzeitig ist es gut und sinnvoll, ein kritisches Verständnis zum alten und zum neuen Glaubenssatz entstehen zu lassen, nach dem Motto: «Dennoch merke ich mir, dass es weiterhin Situationen in meinem Leben geben kann, in denen mein alter Glaubenssatz richtig ist. Ich werde daher ab sofort in jeder Situation überprüfen, welcher Satz gilt, und der jeweils gültige Satz wird dann in meinem Kopf sein.»

Bloß kein Korb!

Ähnlich wie beim Umgang mit Denkblockaden ist für andere unangenehme Situationen Denkarbeit als Nachbereitung und zum Vorbeugen ähnlicher Situationen angebracht.

Für unser Thema ist eine solche unangenehme und damit veränderungswürdige Situation das Gefühl, «einen Korb zu kriegen». Viele meiner Leserinnen und Leser dürften in puncto «Korb» schon die eine oder die andere schlechte Erfahrung gemacht haben. Das Problem dabei ist jedoch nicht, kurzzeitig abgelehnt zu werden; schlimm ist vielmehr, dass diese Erfahrung aus der Vergangenheit ganz flott auf die Zukunft übertragen wird – und nach dem Motto «Einmal ein Korb, immer ein Korb» wird vorsichtshalber in der Gegenwart nichts unternommen.

Verallgemeinern

Hier ist etwas passiert, was wir generalisieren nennen. Einen erlebten Vorgang, vor allem dann, wenn er mehr als einmal erlebt wurde, verkaufen wir uns als allgemein gültige Wahrheit.

Dabei kann Generalisieren durchaus sinnvoll sein. Ohne Generalisieren wäre Lernen nämlich kaum möglich. Denken Sie an ein kleines Kind, dem der Vater gerade erklärt hat, warum es nicht in die brennende Kerze fassen solle. Es tut es dennoch und verbrennt sich die Finger. Die Kerze ist, sagen wir, rot. Am nächsten Tag sieht das Kind eine gelbe brennende Kerze – fasst auch da in das Flämmchen und verbrennt sich prompt wieder die Finger. Spätestens bei der dritten brennenden Kerze, die beispielsweise weiß ist, fasst es nicht mehr in die Flamme. Denn es hat gelernt: Alle diese kleinen Flämmchen tun mir weh. Dabei ist egal, ob das Stearin gelb, rot oder weiß ist.

Dass wir verallgemeinern, verraten in unserer Sprache unter anderem solche Wörtchen wie «nie», «immer», «jeder» oder «alle». Sie zeigen uns, dass wir etwas erlebt haben und das jeweilige Erlebnis auf andere Erlebnisse, Dinge oder Menschen übertragen. Wir *verallgemeinern* also unsere Erfahrungen und Erkenntnisse. So entstehen letztendlich die Vorurteile.

Generalisieren ist im Zusammenhang mit sinnvollem Lernen nützlich. Weniger nützlich ist dieser Vorgang in unserem Gehirn, wenn wir eine Erfahrung, die wir gar nicht erlernen wollten, zu unserem Erlernten hinzufügen und nachher mit der gleichen Sicherheit beherrschen wie jene Dinge, in denen wir es zum Expertentum gebracht haben.

So wird die Erfahrung «Einmal einen Korb bekommen, immer einen Korb bekommen» neben das Können «Einmal Rad fahren können, immer Rad fahren können» gestellt. Der eine Vorgang ist nützlich, und darüber freuen wir uns, der andere ist lästig und ärgert uns.

Der Lernvorgang funktioniert dann plötzlich ähnlich wie beim Kind mit der brennenden Kerze: Ich habe jetzt eine oder mehrere fremde Personen angesprochen – und immer bekam ich einen Korb.

Auf diese Weise wird eine bestimmte Erfahrung bewertet und unverrückbar. Ich habe in mehrere brennende Kerzen gefasst und immer habe ich die Finger verbrannt. Richtige und falsche Erfahrungen stehen plötzlich ununterschieden nebeneinander: Die Geschichte mit der Kerze ist ein sinnvoller Lernvorgang, der Vergleich mit der Kontaktaufnahme mit anderen Menschen hinkt gewaltig. Finger verbrennen wollen wir nicht, mit fremden Menschen ins Gespräch kommen wollen wir sehr wohl. Also ist es notwendig, diese Verallgemeinerung ganz schnell wieder aufzulösen.

Ein Weg könnte sein: Immer, wenn ich eine bestimmte Rahmenbedingung nicht beachte, bekomme ich einen Korb. In diesem Fall liegt die Verantwortung für «Korb bekommen» oder «Korb nicht bekommen» ganz allein bei mir. Ich kann besser aufpassen, besser hinschauen, ich kann mich besser vorbereiten, ich kann auf andere Dinge achten als bisher – und dann werde ich andere eben nur ansprechen, wenn jene Rahmenbedingung, die in diesem Zusammenhang ungünstig war, nicht vorliegt.

Denn Hand aufs Herz: Wollen Sie zu jeder Gelegenheit von Hinz und Kunz angesprochen werden? Eben! Doch seien wir fair: Dasselbe Recht steht jedem anderem zu, auch dem, den Sie ansprechen möchten – und der, aus welchen Gründen auch immer, im Moment keine Lust auf ein Gespräch hat – und zwar weder mit Ihnen noch mit sonst jemandem!

Wenn wir einmal davon ausgehen, dass der Ansprechende sich nicht im Ton vergriffen hat oder sich nicht zu einer billigen Anmache oder platten Sprüchen hat hinreißen lassen, lernen wir aus dem berühmten Korb nämlich alles andere als eine persönliche Ablehnung: Meist ist er nicht an die Person gebunden, die ihn bekommt. Vielmehr möchten die Angesprochenen ihren Gedanken nachhängen, ein bisschen träumen. Vielleicht wollen sie sich in Gedanken auf einen wichtigen Termin vorbereiten, der in Kürze stattfinden wird, Prüfungsaufgaben nochmals rekapitulieren, weil sie zur Prüfung unterwegs sind. Oder sie wollen ganz einfach ihre Ruhe haben – vor Ihnen, vor Ihrer Platznachbarin, vor wem auch immer.

Diese Mitmenschen senden mehr oder weniger eindeutige Signale aus, die auf ihr Bedürfnis nach Abgrenzung, nach In-Ruhe-gelassen-Werden hinweisen. Wer ein solches Stoppschild nicht beachtet, fängt sich einen Korb ein. Doch ist es nicht für jeden leicht, diese Signale wahrzunehmen und dann noch richtig zu deuten.

Körpersprache heißt das Zauberwort, denn noch sind keine Worte gefallen, wenn Sie Ihren ersten Schritt wagen. Doch Deuten der Körpersprache ist alles andere als einfach.

Viele versichern, verschränkte Arme bedeuteten für sie nichts anderes als eine bequeme Haltung. Dennoch hält sich das Vorurteil, sie deuteten eine Abwehrhaltung an.

Es gibt aber bei der gleichen Geste einen Unterschied. Versuchen Sie es doch mal: Setzen Sie sich bequem in Ihren Lieblingssessel und verschränken Sie die Arme. Sie fühlen sich wahrscheinlich entspannt und Ihre Arme ruhen locker, Ihre Schultern hängen leicht.

Und nun wechseln Sie bitte den Platz und setzen sich auf einen unbequemen Hocker. Jetzt verschränken Sie noch einmal die Arme. Wie fühlt sich denn nun Ihre Schulterpartie an? Haben Sie womöglich die

Schultern leicht hochgezogen und merken Sie, wie Ihr Nacken sich verspannt? Die gleiche Geste, aber zwei Gefühle.

Die Behauptung, dass es sich um dieselbe Geste handle, ist also nur auf den ersten Blick richtig. Die deutlich sichtbare Geste «Arme verschränken» wird durch viele kleine Körpersignale ergänzt, die letztendlich dafür verantwortlich sind, dass die Geste richtig interpretiert werden kann: einmal als entspannte, bequeme, das andere Mal als unbequeme und verspannte Haltung.

Und so lassen sich auch bei einem Gesprächspartner unterschiedliche Signale ausmachen. Wenn er seine Arme locker auf der Armlehne liegen hat und mir aufmerksam zuhört, sie dann aber plötzlich verschränkt und die Stirn kraus zieht, liegt der Verdacht nahe, dass ich etwas ihn Störendes gesagt habe. Wenn er sich dagegen ein wenig entspannt zurücklehnt und lächelnd die Arme verschränkt, ist die Vermutung wahrscheinlicher, er höre zufrieden und angeregt zu.

Was heißt das für unsere Initiative? Ehe wir ein Gespräch beginnen, sollten wir uns beim Gegenüber nonverbal die Erlaubnis einholen. Die vorschnellen Worte sind ein eventuell unerwünschtes Eindringen in die Intimsphäre des Gesprächspartners.

Es gibt sehr unterschiedliche Ausgangssituationen. Wenn ich Kontakt aufnehmen möchte, finde ich in der Regel drei unterschiedliche Vorgaben vor: Da ist zunächst die eben beschriebene Situation mit dem Stoppschild. Hier setzt mir jemand zwar ohne Worte, aber dennoch ganz klar eine Grenze. Die zweite Situation ist der Glücksfall. Da starten wir sozusagen im selben Augenblick mit demselben Satz.

Diese Situation kennen Sie, auch wenn Sie Ihnen wahrscheinlich seltener begegnet als das «Stoppschild». Dann gibt es auch noch die Situationen, um die es sich hier vornehmlich handelt, alle jene Kommunikationsmöglichkeiten mit offenem Ausgang.

Signale, Signale

Stellen wir uns drei Ausgangssituationen vor. Nehmen wir der Einfachheit halber den Glücksfall als erste Situation: Das ist wie Gedankenübertragung. Der Ansprechende macht den Mund auf, und der andere redet quasi schon mit. Das ist sicher nicht der Regelfall. Und um ehrlich zu sein, da haben wir auch nichts dazu getan. Eine solche Gesprächssituation behandeln wir wie ein Geschenk: Wir freuen uns darüber und genießen einfach.

Dann gibt es die schon mehrfach zitierte «Stoppschild»-Situation. Setzen Sie sich bitte in Gedanken in den Zug. Sie haben mal wieder einen längeren Weg vor sich und fahren – sagen wir – von Stuttgart nach Hamburg. Sie sind noch gut vier Stunden unterwegs, und die Person, die Ihnen gegenübersitzt, hat sich so ausgebreitet, dass Sie annehmen können, dass sie auch noch ein paar Stündchen vor sich hat. Sie ist etwa in Ihrem Alter und sympathisch ist sie Ihnen auch. Nur, sie liest einen Krimi und genießt offensichtlich die Spannung. Sie kriecht förmlich in ihre Geschichte hinein. Genau jetzt sprechen Sie sie an. Freundlich, vielleicht mit dem Kommentar: «Das Buch ist wohl sehr spannend. Worum geht es denn?»

Wenn Sie das Buch jetzt nicht um die Ohren geschlagen bekommen, können Sie glatt von Glück reden. Doch ein wütendes Fauchen bleibt Ihnen gewiss nicht erspart. Während Sie sich dieses Szenario vorgestellt haben, wussten Sie natürlich sofort, dass Sie diese Person im «richtigen Leben» nicht ansprechen würden, weil sie mit allen Mitteln deutlich Stoppsignale ausgesendet hat.

Auch ohne Krimi oder ähnlich spannende Schriftstücke vor den Augen kann das Gegenüber solche «Stoppschild»-Signale aussenden. Sie kommen in das Zugabteil, und die Person schaut kurz hoch und dann gleich wieder zum Fenster raus. Oder Sie setzen sich an einen freien Platz im Restaurant, haben selbstverständlich vorher gefragt, ob der Platz tatsächlich frei ist, und die Person greift demonstrativ zur Karte und vertieft sich darin. Wer ein Stoppschild missachtet, bekommt zu Recht einen Korb!

Doch gilt auf keinen Fall die Regel: Einmal «Stoppschild», für immer «Stoppschild». Es kann durchaus sein, dass die Krimi lesende Person im Zug nach einer Stunde Lust auf ein Gespräch hat, dass die Person, die aus dem Fenster schaute, einfach ein wenig Zeit benötigte, um das Abteil mit jemand anderem zu teilen, und sich schon nach zehn Minuten über ein Gespräch freut.

Das vorgeschützte Stoppschild

Nicht immer ist es so leicht, das «Stoppschild» zu interpretieren. Will eine Person wirklich ihre Ruhe haben oder ist sie womöglich «nur» schüchtern, wenn sie vor sich hinschaut? Womöglich wartet er oder sie sogar nur darauf, angesprochen zu werden, weil ihm oder ihr der Mut fehlt.

Kehren wir noch einmal in unser Zugabteil zurück: Sie kommen ins Zugabteil. Die Person, welche schon dasitzt, schaut Sie kurz an und dann zum Fenster hinaus. Aus der Art dieser Geste können Sie schon eine Menge erkennen. Ist es eher ein selbstbewusstes Wegdrehen oder wirkt diese Bewegung mehr wie eine Flucht? Klar, beim selbstbewussten Abwenden will die Person Distanz, und dieser Wunsch ist mit einem «Stoppschild» für den Fremden versehen.

Bei der Bewegung, die eher einer Flucht gleicht, werden Sie wahrscheinlich ein leichtes Zögern wahrnehmen, das *auch* einladend interpretiert werden kann. Ich habe bewusst «auch» geschrieben, denn es kann natürlich auch Ablehnung bedeuten. Nun gilt es, die Wahrheit herauszufinden, aber nach wie vor sehr vorsichtig und immer noch mit nonverbalen Hilfsmitteln.

Sie warten daher erst mal ein bisschen ab, beobachten diskret und drehen sich dann ganz leicht der Person zu. Achten Sie dabei auf die kleinsten Hinweise, ob Ihre «Abteilspartnerin» nonverbal antwortet, sprich ob sie sich nun ihrerseits Ihnen ein wenig zuwendet. Sobald Sie sich sicher sind, ein solches Signal wahrgenommen zu haben, können Sie es mit dem Ansprechen probieren. Der erste Satz sollte dabei gut überlegt sein. Sie sind selbstredend freundlich und natürlich sehr vorsichtig. Lehnt die Person nun auch sprachlich ab oder dreht sie sich gar abrupt weg, hat sie Ihnen deutlich eine Stoppsituation signalisiert. Geht sie aber darauf ein, ist alles okay.

Bei dieser behutsamen Vorgehensweise werden Sie sicher kein innerliches Problem mit einem eventuellen Korb haben. Denn wenn Sie so behutsam vorgehen, haben Sie sich zugleich auch die Testsituation bewusst gemacht. Will sagen: Wenn die Person ablehnt, dann hatten Sie das einkalkuliert, und es ist sozusagen die eine Möglichkeit Ihrer Vorhersage eingetreten. Vor allem aber müssen Sie sich den Korb nicht selbst anrechnen, sondern Sie wissen, dass die Person weder mit Ihnen noch mit sonst wem reden wollte, weil sie mit sich beschäftigt ist.

Und damit sind wir zur dritten Möglichkeit angelangt: der offenen Situation. Nach der Glückssituation mit dem herrlichen Zufall, dass beiden am Gespräch gelegen ist, und nach der Stoppsituation, die den anderen auf Distanz hält, ist hier der Ausgang völlig offen, der Ausgang des Anfangs zum Gespräch. Das sind jene Lebenssituationen, die den Hauptteil dieses Buches und Ihres Alltags ausmachen. Wer sich hier kommunikativ klug anstellt, kann daraus eine «Glück-gehabt»-Situation machen. Wer sich dusselig anstellt, bekommt das «Stoppschild» vorgesetzt, selbst wenn das Gegenüber ursprünglich ganz gern ein Gespräch gehabt hätte.

Weltmeister in Gedanken lesen

Wie oft schon habe ich Sätze gehört wie: «Wenn ich das mache, wenn ich jenes sage, was denken dann die anderen über mich?» «Die anderen denken bestimmt, der muss es aber nötig haben, wenn er fremde Leute anquatschen muss!» Und oft heißt es auch: «Das, was ich zu erzählen habe, ist für die anderen doch nur langweilig.»

Doch woher will man das denn so genau wissen? Ich kann bei einer solchen Haltung immer nur mit dem gleichen Fragenkatalog kontern: Haben Sie etwa nachgefragt? Nein, natürlich nicht.

Glauben Sie denn wirklich, dass Ihr Gegenüber, in unserem Beispiel eine Ihnen völlig fremde Frau, sich so um Ihre inneren Beweggründe sorgt? Glauben Sie wirklich, dass sie an Sie denkt? Viel wahrscheinlicher ist doch, dass sie an eigene Erlebnisse und Wünsche denkt und womöglich auch an einen kleinen Schwatz zum Zeitvertreib. Und Sie, Sie denken ganz selbstsüchtig an sich, kultivieren Ihre Empfindlichkeit, indem Sie der anderen unterstellen, sie unterstelle Ihnen, Sie hätten nötig, fremde Menschen anquatschen zu müssen ... (Schon der Satzbau zeigt, wie kraus die ganze Gedankenkonstruktion ist!)

Also: Dem inneren «Gedankenleser», der sich in Ihrem Hirn eingenistet hat, kommen Sie am besten auf die Spur, wenn Sie ihn fragen: «Woher genau weißt du, dass das so ist, dass die andere so denkt, dass die andere das meint?» Da muss der «Gedankenleser» meist klein beigeben. Oder er hat begründete Argumente, weil er Aussagen der anderen mitbekommen hat, weil er deutliche nonverbale Signale wahrgenommen hat. Dann ist die Warnung richtig, dann sollten Sie sich zurückhalten.

Vorarbeiten für das Gelingen

Bis hierher haben wir das Feld bereitet, um uns auf den Weg zu machen. Jetzt heißt es, das geistige Handwerkszeug zu erlernen, das nötig ist, um auf Fremde erfolgreich zuzugehen. Dazu sollten allerdings drei Voraussetzungen erfüllt sein:

- Sie sollten die Voraussetzungen schaffen, um richtig, sprich möglichst wertfrei, sehen zu können. Denn wer mit offenen Augen durch die Welt geht, sieht Dinge, über die es zu reden lohnt und die einem über jeden «Hänger» hinweghelfen.
- Sie sollten die Voraussetzungen schaffen, um richtig hinhören zu können, weil wir das Thema des anderen Menschen heraushören wollen, um ihm die Sicherheit zu geben, die er für das Gespräch braucht. Hinhören müssen wir aber auch deshalb können, weil wir ja die Ankerpunkte finden wollen, an denen wir unser Thema ins fließende Gespräch einbringen können.
- Sie sollten die Voraussetzungen schaffen, um über ein möglichst großes Allgemeinwissen zu verfügen. Es hilft Ihnen, weitere Themen zu finden oder/und bei den gerade angesprochenen auch verweilen zu können. Ein breites Grundwissen fördert ganz nebenbei auch noch unser Selbstvertrauen und das Selbstwertgefühl.

Es ist keine Frage: Wir leben in einer Welt der Reizüberflutung, so dass wir zu unserem eigenen Schutz Augen und Ohren zumachen. Damit schließen wir aber auch eine Menge an Informationen aus.

Sicher ist das gut und richtig, wenn nicht gar lebensrettend, denn würden wir die ganze Bilderflut, den Lärm, das Gedudel an so vielen Orten ungefiltert in unser Gehirn lassen, würden wir wohl bald verrückt.

Dieser Vorgang, den ich einmal ganz einfach als einen «automatischen Bioschutz» bezeichnen möchte, wird ergänzt durch unseren ganz persönlichen Filter, der dafür sorgt, dass nur individuell Vorsortiertes in unser Bewusstsein kommt. Wir haben schließlich unsere eigene Sicht der Dinge, genauer gesagt: Durch das individuelle Ausblenden der Wirklichkeit erleben wir eine eigene Wirklichkeit, die unterschiedlich von der realen Wirklichkeit um uns herum ist. (Wer sich übrigens hierüber unterhaltsam, aber auch sehr lehrreich informieren möchte, dem sei das Buch von Paul Watzlawik empfohlen: «Wie wirklich ist die Wirklichkeit?» Siehe auch die Literaturtipps im Anhang, Seite 197.)

Eines jeden private Wirklichkeit ist demnach nicht nur unterschiedlich zur realen Wirklichkeit, sondern eben auch zu jeder anderen höchst privaten Wirklichkeit jedes anderen Mitmenschen – und damit auch des anderen Menschen neben uns, des Fremden, den wir gerade ansprechen und dann gegebenenfalls kennen lernen wollen. Denn auch der andere nimmt die Wirklichkeit nicht so wahr, wie sie ist. Auch er blendet aus und hört das, was er hören will, sieht das, was er sehen will, weil es in seine Welt passt.

Die Umwelt wahrnehmen

Wir nehmen unsere Umwelt wahr, indem wir die äußere Wirklichkeit über unsere fünf Sinne aufnehmen: sehen, hören, fühlen, riechen und schmecken.

Jeder Mensch nimmt unterschiedlich wahr, und seine Wahrnehmung ist für ihn absolut gültig. Ins Gehirn kommt nur die eigene, die private Realität. Die «wirkliche» Realität gibt es natürlich auch, aber sie ist vom Menschen gar nicht wahrnehmbar.

Diese Abbildung der Wirklichkeit im Gehirn ist vergleichbar mit dem Erstellen eines Stadtplans oder einer Landkarte: Der Stadtplan entspricht nicht der Stadt selbst, die Landkarte ist nicht die Landschaft, ist nicht die Straßen, sondern zeigt nur deren Verlauf. Stadtplan und Landkarte sind Abbilder. Die Landschaft und die Stadt sind Realität. Die individuelle Landkarte ist für jede Person absolut, und es steht ihr keine andere Realität als «ihre Landkarte» zur Verfügung.

Jede Wahrnehmung ist im Gehirn gespeichert. Aber ehe das, was wir wahrnehmen, an seinen Speicherplatz im Gehirn kommt, passiert das Gesehene, das Gehörte, das Gefühlte, Gerochene, Geschmeckte sozusagen «Filter», die ganz individuell entstehen. Sie bilden sich aufgrund des eigenen Kulturkreises, der Herkunft, aber auch der eigenen Gedanken und Wertvorstellungen. Wenn wir das, was wir erlebt haben, in unserer Erinnerung verändern, nennen wir das Verzerren. Und weil wir lange nicht alles aufnehmen und behalten können, tilgen wir eine Menge des Wahrgenommenen. Wenn wir einmal Erlebtes allgemein gültig machen, nennen wir das, Sie erinnern sich, generalisieren.

Der Blick ins Neandertal

Rudi steht vor dem kleinen Regal, das er für Mandy gebaut hat. Er sucht die Pfeilspitzen, die er ihr gegeben hat, findet sie aber nicht. Er wird wütend und ruft nach Mandy.

Sie kommt und fragt: «Was willst du?»

«Ich suche die Pfeilspitzen!»

Sie greift ins Regal und reicht sie ihm. «Typisch Mann. Direkt vor deiner Nase und du siehst wieder nichts!»

Rudis Wahrnehmung ist, wenn es um Dinge «direkt vor seiner Nase» geht, nicht die beste. Aber wenn er in die Ferne sieht, entgeht ihm nichts. Mandy hingegen sieht alles, was direkt um sie herum passiert.

Kommt Ihnen das bekannt vor? Heute übersehen die Männer schon mal die Fernbedienung, die direkt vor ihnen liegt. Frauen hingegen merken oft zu spät, dass sie bei dieser Ausfahrt hätten abbiegen sollen. Einmal wird das Naheliegende aussortiert, das andere Mal das, was zu weit weg ist.

Dass Frauen und Männer ihre Umwelt unterschiedlich wahrnehmen, hat sich leider noch nicht überall herumgesprochen. Das Wissen darüber, das uns nicht nur die Kommunikationsprofis, sondern auch die Gehirnforschung immer deutlicher offenbart, ist im zwischenmenschlichen Umgang überaus nützlich. Dass wir darüber zu wenig wissen und aus dieser Unwissenheit fatale Fehler machen, das ist das eigentliche Problem. (Auch hierzu ein Buchtipp von Allan und Barbara Pease, die mehr als den kleinen Unterschied sehr heiter erklären: «Warum Männer nicht zuhören und Frauen schlecht einparken», siehe Literaturtipp im Anhang.)

Woher rührt die unterschiedliche Wahrnehmung? Ihren tieferen Grund hat sie in der unterschiedlichen Hirnstruktur von Männlein und Weiblein. Neben diesen biologisch bedingten Unterschieden in der Wahrnehmung lassen sich noch andere – ich will es gelinde formulieren – Wahrnehmungsvorlieben feststellen, die bei Männern wie Frauen zu einer ganz persönlichen Sicht der Dinge führen.

Ausblenden

Als mein Entschluss, von Stuttgart nach Karlsruhe zu ziehen, kokret wurde, entdeckte ich plötzlich überall Autos mit Karlsruher Kennzeichen. Wo kamen nur auf einmal diese Autos alle her? Natürlich waren vorher wie nachher gleich viele Karlsruher Autos in Stuttgart und Umgebung unterwegs. Nur, vor meinem Umzugsentschluss hat mich das nicht interessiert. Ich habe sie nicht wahrgenommen.

Wir lassen also Teile der Wahrnehmung aus, weil wir das, was auf uns einstürmt, gar nicht eins zu eins aufnehmen können. Ohne diese Fähigkeit wäre jede Form der Konzentration unmöglich. Konzentrieren wir uns auf etwas, blenden wir «Unwichtiges» aus. Ob etwas wichtig oder unwichtig ist, bestimmt ein gut getrimmter, innerer Zensor. Wenn wir etwas ausblenden, tun wir das nach einem bestimmten, uns eigenen Wertmaßstab. Es wird mal nur Gutes, mal nur Schlechtes gespeichert. Aber was jeweils gut und was jeweils schlecht ist, bestimmt schon wieder der innere kleine Zensor. Ist er Pessimist, zeigt er uns vornehmlich negative Dinge um uns herum. Ist er hingegen Optimist, zeigt er uns das Schöne, das Fröhliche zuerst und weit häufiger.

Natürlich ist auch unsere Sprache ein Spiegel für solche Ausblendungen. Wird getilgt, sind Missverständnisse vorprogrammiert. Denn was nicht vollständig ausgesprochen wird, zwingt den andern zu Interpretationen. Haben wir bei diesen Interpretationen einen Treffer, dann ist das Glück, irren wir uns, ist es eben Pech.

Nehmen Sie als Beispiel folgende kleine Szene: Sie verabschieden sich von Ihrem Kollegen in den Feierabend mit der Bemerkung: «Jetzt freue ich mich auf einen faulen Abend!» Da ist es durchaus möglich, dass Ihr Kollege sich nun vorstellt, wie Sie vor dem Fernseher liegen und vor sich hindösen. Die Kollegin im Nebenzimmer, die Ihren Satz durch die offene Tür hört, denkt: «Das würde ich jetzt auch gern machen. In der Badewanne liegen, ein bisschen Musik hören und ein Glas Rotwein trinken.»

«Faul sein» wird also von den Mitmenschen unterschiedlich bewertet. Spinnen wir daher die Szene noch ein bisschen weiter. Sie sagen auch Ihrer Nachbarin, der Sie auf der Treppe begegnen, dass Sie sich jetzt einen faulen Abend gönnen werden. Die aber ist Ihnen nicht so wohl gesinnt, weil Sie Ihre Putzverpflichtung im Treppenhaus nicht mit derselben Hingabe erledigen wie sie, und brummt: «Die sollte auch lieber mal sauber machen, als sich auf die faule Haut zu legen!»

Es liegt bei Ihnen, wie viel Ihre Umwelt von Ihnen als echte Information bekommt und wie viel sie sich hinzudichten muss: Wenn es Ihnen egal ist, was die anderen hinzudenken, dann ist die Aussage «Ich mache mir jetzt einen faulen Abend» okay. Wollen Sie aber, dass der andere sich genau vorstellen kann, was Sie in die Tat umsetzen wollen, dann bleibt Ihnen nichts anderes übrig, als dies in Ihrer Aussage zu ergänzen. «Ich mache mir jetzt einen faulen Abend und lege mich gleich ins Bett. Bei der vielen Arbeit letzte Woche habe ich mir diese Faulheit richtig verdient.»

Nebenbei bemerkt ist ein gravierender Nachteil dieses Ausblendens, dass wir in Problemsituationen häufig ausgerechnet das ausblenden, was uns weiterhelfen könnte, unser Wissen, unsere guten Erfahrungen, die Fertigkeiten, die wir ganz selbstverständlich besitzen – und so werden wir blockiert, statt dass wir uns unseres Könnens erinnern. Sie erinnern sich an das Kapitel über die Denkblockade? Wenn wir alle anderen Wege ausblenden, wenn wir unsere Scheuklappen aufsetzen, stehen Stressreaktionen Tür und Tor offen. Haben wir (scheinbar) nur einen Weg, kommt es zur Denkblockade, ist da der Kloß im Hals.

Verzerren

Die Erinnerung unserer Wahrnehmung hat aber noch so manch andere Tücken. Da wird schon mal das eine oder das andere Erlebnis verändert, beschönigt oder aufgeblasen. Schnell haben wir eine einmal gemachte Erfahrung in einer falschen Dimension dargestellt.

Sie begegnen auf der Straße einer flüchtigen Bekannten. Sie grüßen sie, aber sie grüßt nicht zurück. Kein Lächeln, kein Nicken. Sie sind etwas irritiert. Ein paar Tage später sehen Sie Ihren Cousin. Er geht auf der anderen Straßenseite, Sie winken ihm zu, und er grüßt nur flüchtig zurück. Sie beginnen zu grübeln. «Was ist geschehen? Habe ich plötzlich Aussatz?», mögen Sie sich im Stillen fragen.

Ihre Reaktion wird vorsichtiger. Sie schauen jetzt schon mal weg, wenn Frau Mayer von nebenan an der Bushaltestelle steht, und steigen lieber vorne ein. Bald bekommen Sie von Ihrer Umwelt bestätigt, dass Sie «komisch geworden sind».

Hätten Sie das alles nicht auch dahingehend interpretieren können, dass die Nachbarin und der Cousin einfach in Gedanken waren? Dann hätten Sie Ihr Verhalten Frau Mayer gegenüber nicht verändert. Sie wären mit ihr hinten in den Bus gestiegen, und sie hätte Ihnen, wie immer auf ein Schwätzchen aufgelegt, alles Mögliche über ihre Enkelkinder und den Hund erzählt, was Sie noch nie interessiert hat. Aber Ihr Bild von Ihrer Welt wäre heil geblieben.

Begebenheiten mit einer harmlosen Begründung werden in der Erinnerung umgewertet und umgedeutet. Die Folge ist ein verändertes Verhalten, das genau die umgedeutete Interpretation herausfordert. Hinweise von lieben Freunden, das könnten ja auch nur Hirngespinste sein, wehren Sie überzeugt ab, denn Sie können ausrufen: «Ich erlebe es aber doch Tag für Tag!»

Nichts ist nur von Übel auf dieser Welt. So ist die andere Seite solcher Verzerrungen eine Quelle der Fantasie. Ohne Verzerrung gäbe es keine Visionen und auch keine Erfindungen. Wahrscheinlich säßen wir dann immer noch wie Rudi und Mandy im Neandertal.

Wenden wir diese Erkenntnisse auf unser Thema an. Wie oft sind Ihnen da schon Ihre Verzerrungen im Wege gestanden? Sie haben zum Beispiel verhindert, dass Sie die Umgebung freier und offener wahrnahmen. Sie haben eine Menge getilgt. Das wiederum führte dazu, dass Sie Dinge nicht sahen, die der anderen wichtig waren, Dinge, die geholfen hätten, eine Brücke zu dieser unbekannten Gesprächspartnerin zu bauen. Dann kommen noch die eigenen schlechten Erlebnisse hinzu, die wir flugs zu allgemein gültigen Wahrheiten erheben, nach dem Motto: «Wenn der schon so schaut, habe ich keine Chance.» Wieder haben wir etwas verzerrt, denn wer weiß schon genau, was hinter welchem Gesichtszug, den wir womöglich als Grimasse interpretiert haben, wirklich steckt.

Drei Voraussetzungen zum Small Talk

Damit Sie sich zukünftig die Ausflucht «Small Talk ist mir zu platt» sparen können, werden Sie lernen, die Orte, an denen Sie sich aufhalten, mit all Ihren Sinnen wahrzunehmen. Sie schauen genau hin und suchen nach den Dingen, die Sie sonst leicht übersehen hätten. Sie hören, was es da alles zu hören gibt. Sie werden sich wundern über die Vielfalt der Themen, die jeder Ort für Sie bereithält.

Damit das aber auch klappt mit dem Hören und dem Sehen, lassen Sie sich ruhig ein paar Wochen Zeit, Ihre Sinne zu schärfen und das Hinhören und Hinsehen zu üben. Wenn Ihnen Ihre Ärztin ein Rezept verschreibt, so steht da häufig als Anwendungsvorgabe «Dreimal täglich nach dem Essen einnehmen». Wir wissen ja, dass fünf Mahlzeiten, über den Tag verteilt, viel gesünder sind. Also nehmen wir als Lernrezept: Fünfmal täglich nach dem Essen eine kleine Übung für besseres Hinhören, und fünfmal täglich vor dem Essen kommt auch noch eine kleine Übung für waches Hinsehen hinzu.

1. Hin- und zuhören lernen

Wie oft geschieht es, dass wir bereits nach einem Halbsatz abschalten, weil wir uns dazu die Antwort überlegen und den Rest der Botschaft gar nicht mehr wahrnehmen? Und schon ist ein schönes Missverständnis entstanden. Oder wir hören etwas und denken uns eine weitere, andernorts wahrscheinlich schon mehrmals gehörte Botschaft hinzu.

Richtig zuhören will gelernt sein. Ratschläge wie «ausreden lassen», «Geduld haben» sind natürlich richtig, doch ohne eine Erklärung, wie das zu bewerkstelligen ist, bringen sie wenig weiter.

Zuhören muss, wenn es verlernt wurde, regelrecht trainiert werden. Hier folgt jetzt eine kleine Übungsserie. Den Übungsaufbau können Sie selbst getalten.

Übung 1:

Die erste Übung können Sie am einfachsten mit Hilfe eines technischen Mediums gestalten. Nehmen Sie beispielsweise den ersten Satz einer Nachrichtensendung auf Kassette auf, hören genau zu, und wiederholen Sie dann den Satz Wort für Wort. Damit die Kontrolle funktioniert, sollten Sie auch dieses Nachsprechen auf Kassette aufnehmen und sich zur Prüfung anhören.

Der nächste Schritt ist nun, sich die ganzen Nachrichten anzuhören. Auch die werden wieder auf Kassette aufgenommen. Dann erzählen Sie den Inhalt nach. Sie können sich den Text natürlich nicht wörtlich merken, aber versuchen Sie, sich so viel Inhalt wie möglich zu merken. Sie können gern verkürzen, doch es sollten möglichst alle Nachrichten in Ihrem Bericht enthalten sein, den Sie ebenfalls wieder auf Kassette aufnehmen. Versuchen Sie auch, ähnlich wie der professionelle Nachrichtensprecher, in Ihrer Wiedergabe alle Emotionen und damit die Wertungen rauszuhalten. Wer das mehrfach täglich übt, merkt rasch eine wachsende «Zuhör-Kompetenz».

Übung 2:

Zweiter Akt: Hinaus in die Welt. Gehen Sie in ein Café, setzen Sie sich in die Nähe von zwei Personen, die Sie nicht kennen und die sich unterhalten. Sie setzen sich am besten mit dem Rücken zu ihnen, damit Sie allein aufs Hören angewiesen sind und nicht durch deren Gesten oder Mimik in Ihrer auditiven Beobachtung gestört oder beeinflusst werden. Inzwischen sind Sie ja ganz schön sensibilisiert für die Fakten in gesprochenen Sätzen. Hören Sie nun genau hin, wie diese beiden sich zuhören. Fallen sie sich ins Wort? Passen die Antworten zu den Fragen und Bemerkungen?

Übung 3:

Für den nächsten Praxistest benötigen Sie eine lockere Bekannte, oder Sie versuchen's gleich mit jemandem, der Ihnen schon häufig vorgeworfen hat: «Du hast ja wieder gar nicht zugehört!» Lassen Sie die Person etwas erzählen, und wiederholen Sie dann das Gesagte mit eigenen Worten nach dem Motto: «Habe ich dich richtig verstanden, du meintest ...» Nur der Sprecher kann kontrollieren, ob Sie richtig zugehört haben.

2. Hinsehen

Nach dem Wiedererlernen des Hörens wollen wir uns einem neuen Sehen zuwenden. Bereits Ihr Wohnzimmer kann der Ort des «neuen Sehens», das heißt des bewussten Sehens, sein. Sie haben es selbst eingerichtet und kennen sich auch nachts im Dunkeln so gut aus, dass Sie nirgendwo anstoßen. Jetzt schauen Sie Ihr Sofa an oder Ihren Tisch. Wie genau sieht das Muster, wie sieht die Maserung aus? Wie ist die Farbe? Wie genau würden Sie diese Farbe bezeichnen? Oder die Zeitschrift, die da liegt: Haben Sie sich das Titelblatt wirklich angeschaut? Wie sind die Schlagzeilen angeordnet? Wie sind Schrift und Foto aufgeteilt? Auf wie viele Geschichten im Blatt wird hingewiesen? Sind alle Hinweise in derselben Schrift, in derselben Farbe, in derselben Schriftgröße?

Ich glaube, es wird deutlich, worauf es beim Sehen ankommt: auf die Fähigkeit, sich Menschen und Dinge bewusst und unbelastet anzusehen, ohne gleich zu bewerten, zu urteilen, ob sie gut, schlecht, schön, interessant, bunt, altmodisch, blöde oder Ähnliches sind. Meist nehmen wir die Dinge unserer Alltagsumwelt nur zur Kenntnis, ohne sie wirklich wahrzunehmen. Ich möchte, dass Sie (möglichst) wertfrei hinschauen lernen. Deshalb bleiben wir auch nicht einfach in Ihrem Wohnzimmer kleben, sondern verlassen wieder das Haus.

Übung:

Wenn Sie das nächste Mal einkaufen gehen, stellen Sie sich bitte bei einer Kasse an, vor der eine Schlange steht. Wie sah die Person aus, die vor Ihnen stand? Was hat sie angehabt? Welche Haarfarbe hat sie? Hatte Sie eine Brille auf? Und so weiter, und so weiter. Bitte beschreiben Sie die ausgesuchte Person genau, mit möglichst allen Details, aber lassen Sie bitte Ihre Wertungen im Stile von: «junger Kerl, sehr gepflegt» außen vor.

Aber letztlich nehmen wir unsere Umwelt und unsere Mitmenschen nicht nur unter dem Gesichtspunkt wahr, ob das Auto blau lackiert war und ob der junge Mann eine braune Lederjacke trug. Wir sehen mehr, weil wir uns mit Hilfe unserer Interpretation in unserer Umwelt *orientieren*.

Das führt uns zwangsläufig von der *wertfreien* zur *wertenden* Betrachtung. Was also sehen Sie, wenn Sie die Person X, den Gegenstand Y sehen? Was interpretieren Sie daraus und welches Gefühl löst X oder Y in Ihnen aus? Aber alles immer schön der Reihe nach.

Denken und werten: Das Interpretationsspiel

Das ist eine wirklich schwierige Übung, vielleicht sogar die schwierigste überhaupt. Jetzt wird nämlich gedacht und gewertet. Als Vorgabe setzen wir ein Straßenfest. Und die Aufgabe lautet: Beobachten und interpretieren.

Lassen Sie mich das am Beispiel von Petra verdeutlichen. Petra ist Sekretärin von Beruf und wartet auf ihren Freund. Sie ist 24 Jahre alt und beschäftigt sich, bis ihr Freund kommt, mit dem Interpretationsspiel. Sie sucht sich dazu Anita aus. Petra schaut hin und denkt sich: «Ich sehe eine ältere Frau, die mich erwartungsvoll anschaut und sich fragt, was ich jetzt wohl von ihr will. Ich interpretiere, dass sie hier ist, weil sie keine Lust zu kochen hat und es hier allerlei Köstlichkeiten gibt, und ich fühle, dass sie mir sehr sympathisch ist, weil ich das gut verstehe.»

Neben Petra steht Martin. Er ist Konstrukteur, hatte einen totalen Stresstag und möchte nicht nach Hause, weil dort der Stress gerade weiterginge. Er streitet sich seit Wochen nur noch mit seiner Frau. Martin ist 40 Jahre alt und schaut zu Gabi. Er macht in Gedanken mit ihr das Interpretationsspiel. Martin denkt sich: «Ich sehe eine attraktive Frau, die ein blaues Kleid trägt, Goldschmuck und eine auffallende Uhr. Ich interpretiere, dass sie modebewusst ist und viel auf Äußeres gibt. Ich fühle eigentlich gar nichts, höchstens vielleicht, dass ihr das unangenehm ist, wenn ich sie anschaue.»

Und damit haben beide Kandidaten Fehler gemacht; und zwar lassen sich hier sogar geschlechtsspezifische Fehler ablesen. Die

Frau hat überhaupt nichts gesehen, dafür viel interpretiert und gut gefühlt. Der Mann hat ganz gut gesehen, gut interpretiert, aber nichts gefühlt.

Lassen Sie mich das im Einzelnen erläutern:

Zunächst die Korrektur für Petra: Petra sagte: «Ich sehe eine ältere Frau, die mich erwartungsvoll anschaut und sich fragt, was ich jetzt wohl von ihr will.» Gesehen haben kann sie aber unmöglich, dass die andere erwartungsvoll schaut, und noch weniger kann sie gesehen haben, was sie sich innerlich fragt. Selbst dass es eine ältere Frau ist, ist zweifelhaft. Anita ist 51, und eine 50-Jährige hätte nämlich vermutlich in Petra eine Gleichaltrige «gesehen».

Petra hätte jedoch sehen können, dass da eine Frau sitzt, die sie anschaut, dass diese Frau graues, gewelltes, kurz geschnittenes Haar hat; sie hätte sehen können, dass diese Frau außer goldfarbenen Ohrsteckern keinen sichtbaren Schmuck trägt. Sie hätte sehen können, dass sie einen braunen Pullover, eine schwarze Hose und schwarze Schuhe mit flachen Absätzen trägt.

Das Sehen bezieht sich also auf alles, was nicht nur Petra mit den Augen wahrnehmen kann, sondern was auch ihr Nachbar mit seinen Augen wahrnehmen kann und was für ihn ebenso Gültigkeit hat wie für sie. So ist auch das Alter im Bereich der Interpretation, so lange man es in Relation zum eigenen Alter sieht. Bei diesem ersten Schritt sehen Petra und der zufällig neben ihr stehende Martin dasselbe, besser gesagt: Sie könnten dasselbe sehen.

Beim zweiten Schritt dieser Übung, bei der Interpretation, geht es um die eigene Sicht der Dinge. Die kann mit dem des Nachbarns übereinstimmen, muss aber nicht. In unserem Beispiel sagte Petra: «Ich interpretiere, dass sie hier ist, weil sie keine Lust zu kochen hat und es hier allerlei Köstlichkeiten gibt.» Für Petra ist das völlig korrekt. Martin könnte dem locker entgegenhalten: «Ich interpretiere, dass sie hier ist, weil sie Kontakt finden möchte, sonst würde die nicht so zu der Frau neben mir hinschauen.» Und auch für ihn ist das völlig korrekt. Und die Nachbarin zu Petras Linken könnte sagen: «Sie ist hier, weil sie sich zu Hause langweilt, weil die Kinder ausgeflogen sind und der Mann noch bei der Arbeit ist.» Auch das ist aus ihrer Sicht der Dinge richtig.

Wer von den dreien nun Recht hat oder ob gar nichts stimmt, kann nur Anita selbst sagen. Sie, liebe Leserin, lieber Leser, erfahren es, weil ich als Erfinderin meiner Beispielfiguren es Ihnen erzählen werde. Anita ist frisch geschieden und das erste Mal allein auf einem solchen Straßenfest. Sie bemüht sich, sicher zu wirken. Das ist ihr erster Versuch, ungezwungen Kontakt zu finden.

Der Abschluss dieses Spiels war die Gefühlsäußerung, die Petra so umschrieb: «Und ich fühle, dass sie mir sehr sympathisch ist, weil ich das gut verstehe.» Damit hat sie diesen Part völlig richtig gelöst. Denn das Mindeste, was an Gefühl da ist, ist Sympathie oder Antipathie. Der Grund für ihre Sympathie war aber – aus Sicht von Anita – falsch. Andere Möglichkeiten für ein Gefühl wären noch, dass jemand in einem Angst auslöst, gar Hass, aber auch große Freude und eine frohe Erwartung.

Bei Martin hören sich die Korrekturen so an: Er sagte zunächst: «Ich sehe eine attraktive Frau, die ein blaues Kleid trägt, Goldschmuck und eine auffallende Uhr.» Mit Ausnahme von «attraktiv» und «auffallend», was persönliche Geschmacksäußerungen und somit Interpretationen sind, hat er sehr gut hingesehen.

Ich kann noch ergänzen, dass die Frau Lippenstift aufgetragen hat, aber sonst ungeschminkt ist, kurze tiefschwarze Haare hat und der Goldschmuck aus einer Halskette und dazu passenden Ohrringen sowie einem Armreif bestand. Sie trägt hellblaue Strümpfe und schwarze Stiefeletten mit einer goldenen Schnalle und hohen Absätzen. Martin sagte für den zweiten Teil: «Ich interpretiere, dass sie modebewusst ist und viel auf Äußeres gibt.» Auch das ist natürlich völlig in Ordnung. Dem könnte ich meine eigene Interpretation entgegenhalten wie: «Ich interpretiere, dass die Frau sich stilsicher kleidet, doch durchaus den Mut hat, bei der alten Mode zu bleiben, wenn sie ihr besser steht, als jede Mode mitzumachen.» Und Petras Gedanken gehen dahin, dass diese Frau, die der unbekannte Mann so fasziniert anschaut, wohl sehr reich sein muss. Petra interpretiert Martins Blick und interpretiert Gabis finanzielle Verhältnisse.

Gabi ist 36 und allein erziehende Mutter, doch sowohl der Vater ihres Kindes als auch ihre Eltern unterstützen sie großzügig, so dass sie nicht arbeiten muss. Im Moment ist ihre sechsjährige Tochter bei einer Freundin. Doch das Geld für Mode zum Fenster rausschmeißen ist keineswegs ihre Sache. Ihr ist Mode völlig egal. Sie näht sich alles selbst, und das Wichtigste ist, dass sie sich in den Kleidungsstücken wohl fühlt. Da kann es durchaus passieren, dass sie ein Kleid zehn Jahre lang trägt, immer mal wieder ein bisschen verändert oder aufgepeppt.

Beim dritten Schritt, das Gefühl auszudrücken, hat Martin deutlich mehr Schwierigkeiten als Petra im vorigen Beispiel. «Ich fühle eigentlich gar nichts, höchstens vielleicht, dass ihr das unangenehm ist, wenn ich sie anschaue.» Das ist ehrlich, doch es ist kein Gefühl, das Martin beschreibt, es ist eine Interpretation. Er interpretiert in sie ein Gefühl hinein, das mitnichten da sein muss, das aber vor allem nicht sein Gefühl war. Ein möglicher Weg wäre, wenn er diesen Punkt tatsächlich unter «Interpretationen» gebracht und daran das Fühlen angeschlossen hätte, etwa so gewesen: «Ich interpretiere, dass ihr das unangenehm ist, wenn ich das sage. Genau das löst in mir das Gefühl der Sympathie aus, denn ich würde mich auch unangenehm fühlen, wenn sie mich so beschreiben würde.»

Das ist ein wirklich spannendes Spiel und sehr aufschlussreich für Ihre eigene Wahrnehmung. Daraus können Sie ohne großen Aufwand eine systematische Übung entwickeln:

Übung:

Machen Sie mehrmals täglich das Interpretationsspiel – auf der Straße, im Supermarkt, in der Straßenbahn – eben überall dort, wo Sie ungestört fremde Menschen anschauen können. Daraus ergeben sich jeweils drei «Blöcke»:

- Was haben Sie gesehen?
- Was haben Sie daraus interpretiert?
- Was haben Sie dabei gefühlt?

Sie können für die drei Blöcke gerne mehrere Sätze niederschreiben, doch unterscheiden Sie die Themenblöcke genau, indem Sie beginnen mit: «Ich sehe ...», dann: «Ich interpretiere daraus ...» und schließlich: «Ich fühle dabei ...»

Und bitte achten Sie darauf, dass Ihre Interpretationen sich wirklich aus dem gründen, was sie gesehen haben, und nicht aus dem, was sie hinzugesehen haben oder was einer alten Erinnerung an andere Personen oder Situationen entsprungen ist. Und seien Sie ehrlich, was Ihr Gefühl anbelangt. Auch das sollte sich allein aufgrund des Gesehenen und der gerade gemachten Interpretationen erschließen.

Dasselbe Spiel lässt sich auch mit Gegenständen veranstalten. Sie schauen sich zum Beispiel eine Werbung oder ein Blumenarrangement oder eine Plastik an. Was sehen Sie genau, was interpretieren Sie aus dem, was Sie sehen? Und welches Gefühl löst dieser Anblick in Ihnen aus? Sie haben das sicher schon oft mitbekommen: In irgendeiner Gemeinde wird ein Kunstwerk aufgestellt. Meist sind es moderne Kunstwerke, bei «denen kein Mensch erkennen kann, was das denn ist» – so werden empörte Bürgerinnen und Bürger zitiert. Schon geht der Disput los. Wegschaffen oder stehen lassen? Altmodisch sein oder modern? Denn eine ebenfalls stattliche Anzahl von Bürgerinnen und Bürgern findet das einen mutigen Schritt und ein wirklich gelungenes Kunstwerk!

Was ist nun der Sinn dieser ganzen Übung? Wir begegnen einem uns unbekannten Menschen und sehen kaum hin, aber wissen schon genauestens Bescheid, was das für ein Typ ist. Mehr noch: Sofort ist da ein Gefühl, das der «Typ» auslöst, und sofort bewerten wir das völlig fremde Gegenüber. Was hat diese völlig unbekannte Person mit unseren sehr privaten Interpretationen zu tun? Nichts, ganz einfach: nichts! Wir, oder besser: unser Unbewusstes, hat sich bei irgendetwas, das es uns nicht mal verrät, an jemanden oder auch nur an eine Situation mit jemandem erinnert gefühlt.

Und schon sind die Erfahrungen, die Gefühle, die Erlebnisse von damals auf diese fremde Person übertragen worden.

Wer fremden Menschen unvoreingenommen begegnen will, um ungezwungen mit ihnen plaudern zu können, sollte in dieser Drei-Stufen-Übung dem Sehen das Hauptgewicht verleihen. Der Mensch ist ein anderer, die Situation jetzt ist mit der von früher, die die Erinnerung hervorruft, nicht vergleichbar. Sie sind älter geworden, Sie können besser reagieren, Sie haben dazugelernt, Sie sind souveräner.

Und Ihr Gefühl für die Fremde, was ist damit? Fühlen Sie ruhig in sich hinein. Ist die Sympathie oder Antipathie wirklich nur auf das aktuelle Gegenüber bezogen? Dann ist es gut, dann können Sie sich ohne Altlasten mit dieser Person unterhalten. Denn nur kopfgesteuert sollen Sie natürlich nicht auf Fremde zugehen, der Bauch hat da schon ein wichtiges Mitspracherecht. Doch auch der Bauch soll lernen, gerecht zu sein.

Wir schleppen einen ganzen Sack voller vorgefertigter Wertungen mit uns herum: «Das ist aber so.» Das sind nicht nur Wertungen und Urteile, sondern auch oft Vorurteile, die ja gegebenenfalls sogar ihre Berechtigung haben mögen. Aber bei ganz fremden Menschen sollten wir das alles erst einmal in der Kiste lassen. Jede fremde Person schauen wir uns genau an, reden mit ihr über dies und das und über mehr, als was uns der Suppenteller-Horizont zeigt.

Dann werden wir sehen, ob wir uns über diese Person *und nur über diese Person* ein vorläufiges Urteil bilden können. Mit einmaligen Dingen und knappen Aussagen lässt sich schlecht urteilen. Menschen haben viele Facetten, viele unterschiedliche Interessen, Wissen in vielen Bereichen. Menschen haben auch vielerlei Gestalt. Sie können heute fröhlich und aufgeschlossen sein, morgen traurig und in sich zurückgezogen. Also, geben Sie den anderen eine Chance! Und dabei merken Sie, dass Sie vor allem sich selbst eine Chance geben. Denn der andere wäre eventuell durch Ihr Urteilsraster gefallen, und nun ist das beim zweiten Hinhören und dritten Hinsehen ein so netter und interessanter Mensch!

Einschub: Glück und Pech mit dem «ersten Eindruck»

Ja, ich höre schon den Einwand: «Was ist dann mit dem ersten Eindruck? Ich hatte schon so oft Recht! Darauf will ich mich aber weiterhin verlassen!» Lassen Sie mich ein bisschen ketzerisch sein und den «ersten Eindruck» demontieren. Es mag dennoch sein, dass er bei Ihnen immer stimmte. Aber warum? Haben Sie darüber schon einmal nachgedacht?

Alle Menschen haben eine Eigenschaft, die besagt: Wir haben immer Recht. Wenn wir überzeugt sind, dass der Tag heute mies wird, so wird das so sein. Denn wir werden akribisch nach Beispielen Ausschau halten, die diese Überzeugung belegen. Stehen wir aber morgens mit einem frohen Herzen auf, dann nehmen wir Dinge, die nicht so gut laufen, leicht, und auch sonst ist der Tag mit Glücksfällen gesegnet.

Sie werden sich fragen, was das mit dem «ersten Eindruck» zu tun hat. Viel. Denn wenn Sie an den ersten Eindruck glauben, merken Sie sich natürlich all die Fälle, bei denen er sich durch spätere Begegnungen mit der Person bestätigt hat. Gehören Sie aber zu jenen, die auf den ersten Eindruck gar nichts geben, dann merken Sie sich genau die Erlebnisse, die belegen, dass der erste Eindruck nichts taugt.

Und noch eins. Auch die «Beweise» schaffen wir uns selbst. Lassen Sie sich das von Rudi bestätigen.

Rudi, der Neandertaler, begegnete einst einem entfernt verwandten Stammesbruder, der ihm auf Anhieb unsympathisch war. Rudi sandte kleine Signale aus, die dieser Dietmar zwar nicht deuten konnte, aber er spürte, Rudi meint's nicht gut mit mir. Er antwortete mit eben solchen missmutigen Signalen, die Rudi mit Genugtuung empfing, und im Innern sagte er sich: «Na, hab ich's nicht gewusst? Ein Depp ist das!» Ob nun Dietmar ein Depp ist oder nicht, den Beweis durfte er gar nicht erst antreten. Denn die beiden waren sich spinnefeind und gingen sich ihr Leben lang, so gut es ging, aus dem Weg.

Dieses Spiel läuft auch auf der positiven Schiene. Ist mir jemand auf Anhieb sympathisch, sende ich freundliche Signale aus, die er erfreut registriert und mit ebensolchen beantwortet. Ob er mich dann im späteren Leben betrügen oder mir ein guter Freund sein wird, ist damit nicht gesagt. Nur bei uns können wir überprüfen, ob das erste Lächeln sein Versprechen als «Gutmensch» gehalten hat. Wir sind bei uns sympathischen Menschen großzügiger, was das Verzeihen anbelangt, wenn der sympathische Mitmensch unsere Erwartung nicht so ganz erfüllt. Oder sind wir womöglich nur deshalb großzügiger, weil wir nicht wollen, dass wir uns geirrt haben ...

Und was sagt die Wissenschaft? «Im unbeirrbaren Glauben an die Untrüglichkeit seiner Impression bezeichnet der Betrachter seinen Eindruck vom Gegenüber als dessen Ausdruck.» (Siegfried Frey, S. 47, siehe Literaturverzeichnis.)

3. Allgemeinwissen auf Vordermann bringen

Jetzt bleibt als dritter Aspekt noch die Allgemeinbildung. Es liegt noch nicht allzu lange zurück, da verstand man unter Allgemeinbildung vor allem eine humanistische Bildung. Da war es angebracht, ein paar lateinische Zitate und historische Daten im Kopf zu haben, von Goethes «Faust» auch den zweiten Teil zu kennen und regelmäßig im «langen Schwarzen» ins Konzert zu gehen.

Derzeit stehen solche wandelnden Lexika in Talk-Shows und Quiz-Sendungen wieder hoch im Kurs. Es kann natürlich auch für unser Anliegen nichts schaden, wenn wir solches Faktenwissen aus der Schulbildung in den Alltag gerettet haben. Wie war das doch noch gleich? «Wissen ist Macht!», woraus der Sponti-Spruch wurde: «Nichtwissen macht auch nix!» Ich möchte das gerne so formulieren: «Wissen gibt Selbstsicherheit, und für Nichtwissen braucht es Selbstsicherheit!»

Was heißt nun Allgemeinwissen? Heute ist Allgemeinbildung eher das Wissen über all das, was uns umgibt, das, was die «öffentliche Meinung» (die ja häufig eher eine veröffentlichte Meinung ist) darstellt. Gefragt ist demnach all das, was in den Medien berichtet wird. Gemeint ist auch Boulevard-Klatsch, gemeint sind Berichte über Sport, und zwar jede Sportart, Persönlichkeiten des Sports, auch die hinter den Kulissen und nach ihrer aktiven Zeit. Gemeint ist Neues aus Politik und Wirtschaft, natürlich Rezensionen von Büchern und Theateraufführungen und Filmen, selbst die große Oper darf nicht fehlen und allerlei Avantgarde. Gemeint ist nach wie vor die hohe Literatur, aber auch Triviales, Kunstgeschichte und Sprachen. Gemeint ist aber auch der PC mit seinen diversen Spielmöglichkeiten, die neuen elektronischen Medien nicht zu vergessen, Internet und Playstations, Fernsehshows und Serienstars, berühmte Moderatoren und ihre noch berühmteren Interviewgäste.

Ist das zu viel verlangt? Nein! Denn es geht hier nicht darum, für «Wer wird Millionär?» zu trainieren, sondern um ein gesteigertes persönliches Interesse für das, was sich um uns herum abspielt, in unserer Gemeinde, in unserer Stadt, im eigenen Bundesland. Das sollte nicht zuviel verlangt sein.

Ein breites Allgemeinwissen hat mehrfachen Nutzen: Wer viel weiß, kann sich zu vielen Themen äußern. Wer sich zu vielen Themen äußern kann, braucht keine Denkblockaden zu fürchten. Wer viel weiß, steigert sein Selbstwertgefühl auf eine angenehme Art. Wenn das Auffüllen der Allgemeinbildung auch anfänglich Überwindung des «inneren Schweinehunds» kostet, kann ihr Vorhandensein jedoch enorm Spaß machen. Fundiertes Allgemeinwissen hilft bei der Suche nach dem Einstieg ins Gespräch, hilft über die lästigen Pausen während des Gesprächs hinweg, hilft Ihnen, sich von Ihrer Schokoladenseite zu zeigen.

Alles zu wissen, ist natürlich ein Anspruch, dem wir nicht gerecht werden können. Wir haben nicht die Zeit, uns alle neuen Filme anzuschauen. Wir können die zigtausend deutsch- und fremdsprachigen neuen Buchtitel pro Jahr nicht alle lesen. Auch können wir nicht alle Sportereignisse mitbekommen, nicht alle Premieren in Schauspiel und Oper aller großen und kleinen Theater in und um unseren Wohnort. Nicht einmal alle kommunal-, landes- und bundespolitischen Entscheidungen können wir bis ins Detail verfolgen.

Aber wir können uns eine breite Basis schaffen, indem wir uns über die Medien informieren. Wir können Rezensionen in konservativen und fortschrittlichen Zeitungen lesen. Wir können uns exemplarisch mit einem Film befassen, alle anderen desselben Regisseurs beziehungsweise derselben Hauptdarstellerin mehr im Vorbeigang mitnehmen. Wir können beispielsweise einen Pilotfilm zu einer Fernsehserie anschauen, dabei nicht so sehr auf den Inhalt, dafür aber umso mehr auf das Strickmuster achten – und schon können wir bei «Sex in the City» und anderen Soaps mitreden. Alles wissen können wir nicht. Doch wer über weite Strecken mithalten kann, macht in den Reststrecken, in denen sein Wissen nur ein kleines Pflänzchen ist, den anderen, der hierzu mehr weiß, zum Experten. Schon blüht die Kommunikation, wächst die Basis der Zwischenmenschlichkeit.

Nach ein paar Wochen intensiver Übung haben Sie – entsprechend Ihrem individuellen Lerntempo – Ihre Vorarbeiten abgeschlossen. Sie können jetzt gut zuhören, und Sie hören, worin der andere Interesse signalisiert. Sie schauen anders hin, Sie sehen vieles in Ihrer Umgebung, das Ihnen früher nicht aufgefallen war. Und Sie verfügen über sehr viel neues Wissen. Sie sind interessiert an den unterschiedlichsten Themen, aber es ist für Sie auch kein Problem mehr, auf einen Aspekt zu stoßen, in dem Sie nicht so firm sind. Sie sind toleranter – und zugleich neugieriger geworden. Denn Sie wissen nun, dass Menschen, die vordergründig nicht Ihren Ansprüchen entsprechen, durchaus Seiten haben können, die sie Ihnen dann doch interessant, vielleicht sogar liebenswert erscheinen lassen. Beim zweiten Hinhören, beim erneuten Hinsehen, ohne Ihre alte Das-will-ich-nicht-Brille.

Dem Zufall nachgeholfen – Orte

Rudi und Mandy sitzen vor ihrer Höhle. Mandy putzt Wurzeln und fragt Rudi: «Wo würdest du denn hingehen, wenn du jemanden kennen lernen möchtest?» Rudi runzelt die Stirn und meint: «Wenn ich jemanden kennen lernen wollte, weil ich einen Jagdkumpel brauche, dann ginge ich raus in den Wald. Wenn ich aber jemanden kennen lernen wollte, mit dem ich Fische fangen kann, ginge ich runter zum See. Alles andere interessiert mich sowieso nicht. Jedenfalls zu deinen Kräutertypen ginge ich bestimmt nicht. Da laufen ja nur welche rum, die behaupten, dass das Zeug, das draußen wächst, zu mehr gut ist als zum Essen. Selbst zum Essen ist das grässlich. Schließlich geht nichts über ein Stück saftiges Bärenfleisch!»

Die Antwort auf die Frage, wie ich mein Gesprächsthema finde, hängt mit der Frage des Ortes zusammen, wo ich meinen Gesprächspartner treffe. Mit Menschen zusammentreffen und ein kleines Gespräch führen kann ich an allen Orten, an denen es etwas zu sehen gibt, an denen wir etwas erledigen, genießen, ausruhen, unserem Hobby nachgehen, an denen wir unser Geld verdienen und auch wieder ausgeben – die Liste ist lang.

Wie viele Feste gibt es übers Jahr? Die Geburtstagsparty bei der Freundin, das Familienfest zu Opas rundem Geburtstag, eine Taufe, Hochzeit oder Goldene Hochzeit. Wer an einem Kurs teilnimmt, kann die Abschlussfeier genießen, alljährlich kommt die betriebliche Weihnachtsfeier so sicher wie das Amen in der Kirche.

Der Sommer bringt zahlreiche Vereinsfeste, die Kirmes, den Wasen, den Dom, oder wie diese Großveranstaltungen regional alle heißen, bei denen zig Fahrgeschäfte sich um die Wette drehen. Weihnachtsmärkte, Krämermärkte, selbst Wochenmärkte haben mancherorts Festcharakter.

Neue Leute treffen Sie bei den Meetings mit den Kunden, bei überbetrieblichen Fortbildungen, beim Messebesuch und während Ihrer Zeit am Messestand der eigenen Firma.

Menschen gründen einen Verein, weil sie ein gemeinsames Ziel verfolgen oder ein gemeinsames Hobby pflegen. Es fällt Vereinsarbeit an, und Freiwillige, die ein Ehrenamt übernehmen, sind stark gefragt.

Der gute alte Sportverein erfreut sich neuer Beliebtheit, aber er hat auch modernere Brüder bekommen, die Sportstudios und Fitness-Center, unverbindliche Lauftreffs. Überall gibt es die Möglichkeit für Sport alleine oder für Sport in einer Mannschaft. Angeboten werden alle möglichen Varianten von Tanzen, tanzen in der Disco, im Tanzcafé, in der Tanzschule, beim Volkstanz und beim Square-Dance, Hip-Hop und Steppen – jedes Jahr ein neuer Modetanz, jedes Jahr eine neue Fitness-Bewegung, eine neue Wellness-Welle.

Auch alle, die tierlieb und naturverbunden sind, haben eine breite Auswahl: Sie können wandern oder klettern, spazieren gehen durch Wald und Flur, an Wildgehegen verweilen, und ein Zoobesuch macht auch große Freude. Hunde sind, nebenbei gesagt, ein unglaublich wirksames Kontaktmittel – jedenfalls solange sie nicht andauernd kläffen und Passanten belästigen.

Von der Natur zur Kultur. Hier sind die Möglichkeiten erst recht unzählig. Man kann zu einer Vernissage gehen, und wer die feierliche Eröffnung verpasst hat, kann sich die Skulpturen und

Bilder während der Ausstellungsdauer anschauen. Wen Malerei oder Bildhauerkunst nicht so sehr reizt, den zieht es vielleicht eher ins Theater. Tausende von Menschen gehen ins Schüler- und Laientheater, ins Stadt- und Staatstheater, in Tragödien, Komödien, Mundartgeschichten und absurdes Theater. Vom Sprechtheater zum Musiktheater: Tausende gehen in die Oper, in die Operette, ins Musical.

Und überall gibt's was auf die Ohren. Menschen gehen in klassische Konzerte, zu Rock- und Popfestivals, Schlager und Volksmusik haben Hochkonjunktur. Vom Open Air auf Fußballfeldern über die Kammerkonzerte bis hin zur Hausmusik kann jede(r) nach Lust und Laune auswählen.

Jeden Donnerstag gibt es eine Vielzahl neuer Filme. In den meisten Städten gibt es ein Kommunales Kino, das ein ganz spezielles Programm anbietet, es gibt Brunch im Kino, es gibt die riesigen Filmpaläste mit Programm neben dem Kinoprogramm. Die Filme selbst sind so verschiedenartig, dass für nahezu jeden Geschmack etwas dabei sein müsste.

Wir leben in einer multikulturellen Gesellschaft, und die Globalisierung ist nirgends so sinnlich wahrnehmbar, wie wenn wir uns auf die Suche nach kulinarischen Genüssen begeben. Ob thailändische, vietnamesische, chinesische, ob amerikanische oder englische, ob französische, spanische oder italienische Küche, ob die deutschen Spezialitäten der einzelnen Bundesländer oder ob Feinschmecker- oder Hausmannskost oder Schnellimbiss gewünscht wird – alles wird serviert, was der Gaumen wünscht. Wir treffen uns in Restaurants und Kneipen, in Bistros und Cafés. Wir essen in der Kantine oder in der Mensa – und überall essen Tausende von fremden Menschen. Die sitzen neben uns am Tisch.

Unsere Gesellschaft ist mobil. Wir sind nicht nur im eigenen

Wagen unterwegs, wir fahren auch mit öffentlichen Verkehrsmitteln. Die Zugfahrten dauern Stunden, aber auch in der S- oder U-Bahn halten wir uns lange genug auf, um einen kleinen Plausch anzufangen. Selbst in Straßenbahnen und Bussen ist das möglich.

Wir haben auch beim Einkauf unseren eigenen Stil. Wir kaufen im Bioladen, wir kaufen im Supermarkt oder wir kaufen bei «Aldi», weil es sein muss oder weil es «Kult» ist. Wir kaufen im Fachgeschäft, weil wir auf gute Beratung Wert legen, oder wir kaufen im Kaufhaus, weil es schnell gehen und preiswert sein soll.

Lassen Sie mich zurückkehren zu unserer Eingangsfrage: Wie finde ich das Thema? Ja, es hängt mit den Orten und den unterschiedlichsten Anlässen zusammen, die uns an die Orte führen. Überall können Sie jemanden ansprechen, mit jemandem ungezwungen plaudern, jemanden näher kennen lernen. Aber mir scheint, als hörte ich ein leises Seufzen: «Das ist schon alles wahr, Möglichkeiten gibt es genug. Es fehlt mir nicht an den Orten, es fehlen mir die Worte.»

Also bleiben wir zunächst beim Gesprächsthema. Ich hatte Ihnen versprochen, einen Weg aufzuzeigen, der Sie auf der «sicheren Seite» hält. Denken Sie daher bitte nach: Was haben all diese Orte gemeinsam, wenn Sie Menschen, die sich an diesen Orten befinden, ansprechen wollen? Richtig: Wer sich hier aufhält, hat ein bestimmtes Interesse. Ganz wichtig ist, dass dieses Interesse mit dem Ort zusammenhängt, an dem sich beide Personen befinden, Sie und die Person, die Sie ansprechen wollen.

Orte haben also für die Kontaktaufnahme einen tieferen Sinn. Wer sich an einem bestimmten Ort aufhält, ist nicht zufällig dort. Es ist der Anlass oder der persönliche Geschmack, eine liebe Gewohnheit, die Sie, aber eben auch die andere Person an diesen Ort treibt.

Und damit lautet meine These: Der Ort schenkt Ihnen das Thema.

Wer beispielsweise die chinesische Küche nicht ausstehen kann, wird kaum zum Chinesen essen gehen. Wer kein Faible für Karate hat, wird diesen Sport weder erlernen noch ausüben wollen. Wer ein ausgemachter Fußballhasser ist, ist in einer Fan-Kneipe sicher fehl am Platz. Wer keinen Jazz mag, geht nicht zur Jazzsession, wer sich nicht für moderne Kunst interessiert, geht nicht in eine Ausstellung von Miró – es sei denn, er oder sie tun es einer bestimmten Person zuliebe. Aber für die ist mein Buch hinfällig, denn die beiden haben mit sich zu tun und wollen wohl kaum mit Fremden plaudern.

Für solche Ausgehsituationen mag die These ja zutreffen, aber, so mögen Sie jetzt vielleicht fragen, was ist mit den wirklichen Alltagssituationen in den öffentlichen Verkehrsmitteln, auf der Straße oder im Supermarkt? Hier gilt natürlich das Gleiche. Der Zug, in dem ich mich befinde, bringt mich und den anderen in dieselbe Richtung. Wir nehmen den Zug und fahren nicht auf dem Motorrad oder im Auto. Die Züge selbst sind unterschiedlich. Sie haben eine andere Einrichtung, einen anderen Preis, und, das habe ich schon öfters erlebt, es gibt unter den Fahrgästen regelrecht Überzeugte, nach dem Motto «Ich fahre nur ...» oder «Ich fahre am liebsten im ...»

Auch der Einkaufsort ist verbindend. Die Überzeugung, im Supermarkt X, im Bioladen Y das zu bekommen, was preislich und im weitesten Sinne ideologisch zu einem passt, lässt eine Gewohnheit wachsen, eben zu diesem Supermarkt, eben zu diesem Bioladen und nicht zu dem der Konkurrenz zu gehen.

Kurzum: Jeder Ort kehrt die Gemeinsamkeit mit dem anderen, mit eben jenem fremden Menschen hervor, den Sie möglicherweise gerne ansprechen wollen, weil er just wie Sie an denselben Ort geht. Somit ist das Thema geboren. Der Ort als Thema schenkt uns den Einstieg ins Gespräch, der unverfänglich ist und dennoch über dem üblichen Small Talk vom Schlage «Schönes Wetter heute» liegt.

Übrigens: Dieses Gefühl der Gemeinsamkeit, die Vertrautheit schafft, nützen die großen Hotels ebenso wie Laden- und Fast-Food-Ketten aus. In den Hotelzimmern befindet sich das Bad in jedem Zimmer auf derselben Seite, stehen die Betten und Schränke gleich. Die Läden und Lokale der so genannten «System-Gastronomie» haben dieselbe oder eine sehr ähnliche Einrichtung, die Reihenfolge der Waren, das Ensemble von Theke und Tischen ist gleich oder sehr ähnlich. Der Ort ist dem Gast, ist dem Kunden bekannt, egal in welcher Stadt er ihn aufsucht, und es stellt sich überall eine Art «Heimat»-Gefühl ein.

Also wollen auch wir diesen Gedanken für unsere Zwecke nutzen. Wir schaffen mit Gemeinsamkeiten eine vertraute Atmosphäre, in der das Ansprechen fast so leicht fällt wie bei privaten Festen, bei denen man das Umfeld und schon fast alle Gäste kennt.

II. Der praktische Weg zum Small Talk

Entwickeln Sie Ihr Übungsprogramm!

Mein Anliegen ist es, Ihnen, liebe Leserin, lieber Leser, einen Weg aufzuzeigen, der Sie auf der «sicheren Seite» hält. Sie wollen im privaten oder im beruflichen Bereich auf Fremde zugehen, ein nettes Gespräch beginnen und sich einfach überraschen lassen, was daraus werden kann und werden wird, aber Sie wollen weder ins Fettnäpfchen treten noch eine Abfuhr kriegen.

Ihre Wahrnehmung ist geschärft, Ihr Allgemeinwissen groß und Sie haben keinen blassen Schimmer, wer da am kalten Büfett steht oder Ihnen am Tisch gegenübersitzt. Doch Sie möchten ein kleines Gespräch führen. Dazu entwickle ich im Folgenden ein Schema, das für leichte Kontaktaufnahme mit Fremden in allen möglichen privaten und beruflichen Situationen angewendet werden kann.

Hier die Schrittfolge im Überblick:

- Sie starten nonverbal: Blickkontakt suchen und Blickkontakt halten.
- Dann holen Sie sich nonverbal die Erlaubnis für die Gesprächseröffnung ein und halten Rapport.
- Sie vermeiden die Tabus «Persönliches» und «Jammern und Klagen».
- Sie stellen eine kleine Aussage der Frage voran, die eine Bemerkung zum Ort beinhaltet, an dem Sie sich befinden, oder zum Anlass, der Sie zusammengeführt hat.
- Sie formulieren Fragen dann als geschlossene Fragen, wenn Sie nur die grobe Richtung wissen wollen.

- Sie formulieren Fragen als offene oder W-Fragen, wenn Sie breitere Informationen möchten.
- Dabei beachten Sie stets, dass die Gesprächsbilanz ausgeglichen ist: Wenn Ihr Gegenüber durch eine Antwort etwas von sich, von seinem Wissen preisgegeben hat, geben Sie auch von sich etwas Adäquates preis.
- Dann läuft das Gespräch wie ein Pingpong der Aussagen. Sie wechseln sich ab.
- Falls das Gespräch ins Stocken gerät, stellen Sie erneut eine W-Frage, um das Gespräch mit einer neuen Information wieder in Fluss zu bringen.

Das Schema, das ich jetzt ausführlich erläutern werde, bedarf natürlich der bewussten Übung und am Anfang, wenn Sie es einsetzen, hoher Konzentration. Keine Verhaltensänderung ist nur durch lesen oder mit dem Schnippen der Finger zu bewältigen. Leider. Es gehört die innere Einstellung dazu, ein bestimmtes Verhalten ändern oder (wie in unserem Falle) sich angewöhnen zu wollen.

Und das wiederum setzt voraus, dass Sie all diese Übungen wie einen gewöhnlichen Lernvorgang behandeln, will sagen: dass Sie üben, richtig üben und ernsthaft üben und nochmals üben. (Hatte ich schon gesagt, dass Sie üben müssen?)

Gut, ich höre Ihren Einwand, dass ein neues Kommunikationsverhalten, eine andere Art des Redens, sehr gestelzt wirke. Das ist sicher richtig, und so möchte ich Ihnen ein Beispiel vorstellen, bei dem Sie diese Holprigkeiten auch kennen und ganz selbstverständlich in Kauf nehmen.

Stellen Sie sich vor, Sie erlernen eine neue Sprache, sagen wir

Polnisch. Wie holprig wird das klingen, wenn sich die ungewohnte Häufung an Konsonanten auf Ihrer Zunge sammelt?

Ja, und dann üben Sie. Zuerst in Ihrem Kurs, dann mit Ihrem polnischen Nachbarn, dann auch schon mal mit der Polin, die Ihnen in der Bäckerei um die Ecke die Brötchen verkauft. Und schließlich verbringen Sie Ihren Urlaub in Danzig. Zunächst sind Sie noch ganz froh, dann und wann jemandem zu begegnen, der auch Deutsch spricht, aber dann ... Dann wird es immer besser mit Ihrem Polnisch und Sie möchten alles Mögliche dazulernen und ausprobieren. Wenn Sie womöglich ein, zwei Jahre dort leben würden, dann würden Sie in Polnisch denken und selbst träumen. Spätestens jetzt beherrschen Sie Polnisch buchstäblich im Schlaf, oder anders ausgedrückt: Der Lernstoff ist Ihnen in Fleisch und Blut übergegangen, Sie brauchen nicht mehr nachzudenken, denn ein unbewusstes Wissen und Können ist an die Stelle bewussten Sprechens getreten.

Lernen

Lernen hat vier Stadien, und zwar gilt das gleichermaßen für das Erlernen von neuem Wissen wie für das Erlernen eines neuen Verhaltens. (Siehe dazu auch bei Seymour und O'Connor, siehe Literaturverzeichnis auf Seite 196).

- Das erste Stadium ist die «unbewusste Inkompetenz». Es gab eine Zeit in Ihrem Leben, da wussten Sie nicht, dass es ein Land gibt, das Polen heißt und in dem die Leute Polnisch sprechen. Das entspricht im Kontext unseres Themas der Zeit, während derer es Ihnen gar nicht in den Sinn kam, jemanden anzusprechen, den Sie nicht kennen. Also wollten Sie auch kein Polnisch können, weil Sie von der Existenz dieser Sprache nichts wussten, und damals wünschten Sie sich auch nicht, jemanden ansprechen zu können, weil Ihnen die Notwendigkeit des Kontaktes zu fremden Menschen überhaupt nicht in den Sinn kam.

- Das zweite Stadium ist die «bewusste Inkompetenz». Sie haben in einem Film, in der Schule, in einem Buch erfahren, dass es ein Land gibt, das Polen heißt und in dem man eine Sprache spricht, die nicht die Ihre ist. Sie hören zum ersten Mal, wie jemand in dieser Sprache etwas sagt – und Sie würden das gerne verstehen, mehr noch: Sie würden gerne auch so sprechen können. Auf unser Thema bezogen heißt das: Sie haben gemerkt, dass es ganz schön wäre, jemanden anzusprechen, nur es fehlt Ihnen das Können (was Sie womöglich verwechseln mit: Es fehlt an Mut).

  Sie gehen nun in einen Polnisch-Kurs, pauken Vokabeln und Grammatik, üben mit der Lehrerin, dem Lehrer und üben mit den andern Kursteilnehmerinnen und Kursteilnehmern. Da alles noch nicht so fließend klappt, sind sie sich Ihrer Inkompetenz bewusst.

  Sie kauften das Small-Talk-Buch, das Sie gerade in der Hand halten, und lesen und beginnen zu üben. Wenn Sie ein gutes Dutzend Leute angesprochen haben, die Sie nicht interessierten, und dann auch schon mal die ersten fünf, die Sie interessieren, beherrschen Sie die Technik des Ansprechens und sicher auch die der Gesprächsführung (und wissen längst, dass es keine Frage des Mutes, sondern nur des Könnens ist). Da es noch nicht so klappt, sind Sie sich Ihrer Inkompetenz bewusst.
- Jetzt sind Sie im dritten Stadium des Lernens angelangt, der «bewussten Kompetenz». Sie üben unbeirrt weiter, und es wird immer besser. Doch noch konzentrieren Sie sich stark, Sie ru-

fen sich immer wieder bewusst den Gesprächsablauf ins Gedächtnis, Sie haben noch ein bisschen Mühe mit dem Hüpfen von einer «Gesprächsinsel» zur anderen. Sie müssen sich immer noch auf Ihre kleine Aussage und die Frage, auf den «Rapport» (wir werden später behandeln, was das ist), konzentrieren. Sie nehmen noch immer ganz bewusst die Dinge Ihrer nächsten Umgebung auf. Noch geht das Ansprechen «nicht einfach so», aber Sie wissen, dass es geht, dass Sie es mit Konzentration auf das Gelernte können.

Dieses Stadium gibt es auch, wenn Sie Polnisch lernen. Sie müssen sich immer noch konzentrieren, dass Sie einzelne polnische Wörter, die ähnlich klingen, nicht verwechseln. Manches Wort, das Sie schon kannten, müssen Sie dennoch nochmals nachschlagen, und Sie schleifen nun bewusst an Ihrer Aussprache, Sie merken aber die kleinen Patzer selbst.

- Sobald Sie erreicht haben, dass Sie nicht mehr nachdenken müssen, wie das Wort auf Polnisch heißt, welche grammatikalische Form jetzt kommt, wenn Ihnen nicht mehr bewusst ist, dass Sie den Ort beobachten, an dem die fremde Person und Sie sich zum Gespräch befinden, wenn Sie ganz nebenbei aus der Beobachtung einen ersten Satz formen, ist Polnisch sprechen und Fremde ansprechen wie Fahrrad fahren geworden: Sie denken nicht mehr an das «Wie geht das nun wieder», Sie fahren einfach. Jetzt brauchen Sie nicht mehr nachzudenken, ob es sinnvoller ist, eine Bemerkung vorzuschieben oder gleich mit der Frage zu starten. Sie haben die wichtigen Dinge aus Ihrer Umwelt wahrgenommen, auch solche, die nicht unbedingt in Ihr Wertesystem passen. Sie reden einfach los, ohne Bammel, ohne Angst vor einem Korb – eben wie beim Fahrradfahren: Sie denken nicht darüber nach, wie Sie die Pedale treten, wie Sie im

Gleichgewicht bleiben. Sie wissen, das werden Sie nie mehr verlernen! Jetzt sind Sie am Ziel. Sie haben das vierte Stadium des Lernens erreicht, Sie verfügen nun über die «unbewusste Kompetenz».

Ihre Polnischkenntnisse sind nun so gut, dass man Sie mitten aus dem Schlaf reißen kann, und Ihnen fällt das richtige Wort richtig ausgesprochen ein. Längst lesen Sie die Tagespresse, seit geraumer Zeit wagen Sie sich auch an Fachpublikationen – und nun ist es für Sie auch kein Problem mehr, selbst polnische Dichter und Schriftsteller wie Tadeusz Borowski im Original zu lesen.

Sie erinnern sich an das Bild vom Eisberg? Hier macht es uns wieder das Wechselverhältnis von Bewusstem und Unbewusstem deutlich. Je tiefer unser Lernvorgang Prägungen in unserem Wesen zurückgelassen hat, desto mehr sind sie Bestandteil unseres Unbewussten.

Lernen ist ein individueller Vorgang. Die Lerndauer ist deshalb ebenfalls individuell lang. Sie sollten in der Zeit des Lernens besonders freundlich zu und geduldig mit sich sein. Jede neue Fertigkeit braucht ihre Zeit, bis sie aus der bewussten Arbeitsphase in das unbewusste Können übergleiten kann, bis es Sie unbewusst zu Ihrem Vorteil steuert. Genauso geht es mit dem Erlernen all der Hilfsmittel und Wege für kommunikative Situationen, die ich Ihnen nun aufzeigen werde. Auch hier heißt es üben, sich korrigieren und erneut loslegen.

Aber dennoch bleibt ein «Restrisiko». Da wir kein Volk von Hellsehern sind, können wir natürlich auch nicht in die Köpfe und Herzen unserer Gesprächspartner und Gesprächspartnerinnen hineinschauen. Manchmal deuten wir eben doch ein Wort falsch, sagen etwas im falschen Ton – falsch in Bezug auf die aktuelle Situation, auf die Person, mit der wir gerade sprechen. Wenn Ihnen ein solcher Ausrutscher passieren sollte, denken Sie bitte daran: Eine Lehre daraus ziehen, das ist schon richtig, aber nicht Generalisieren nach dem Motto: Einmal tapsig, immer tapsig! Ein solcher Gedanke, einmal generiert, kann Ihnen später in ähnlichen Situationen die Sprache verschlagen, obwohl dann ganz andere Rahmenbedingungen vorliegen, in denen Sie auf ganz andere Menschen treffen, die womöglich den Lapsus von einst gar nicht wahrgenommen hätten. Allein Sie haben ihn nicht vergessen – mehr noch: kultivierten ihn wahrlich, indem Sie ständig daran dachten, und machen jetzt vorsichtshalber den Mund erst gar nicht auf – und verbauen sich womöglich alles!

Geht also etwas daneben, fassen Sie es als völlig normale Lernphase auf, genauso, als hätten Sie während Ihres Polnisch-Unterrichts ein Wort falsch ausgesprochen oder verwechselt oder sich in der Grammatik verhauen. Das macht nichts, denn beim nächsten Anlauf wird es ja schon viel besser sein.

Der Gesprächsablauf im Einzelnen

Jetzt geht es endlich richtig los. Schließlich können Sie inzwischen gut zuhören, haben Ihren Blick geschärft, Ihre Allgemeinbildung ist auch nicht von schlechten Eltern, Denkblockaden meistern Sie locker und mit einem Korb können Sie lässig umgehen – und Sie halten sich ganz bewusst an «Ihren» Orten auf.

Gesprächssituationen

Nonverbal Erlaubnis einholen

Vor dem Wortüberfall steht die nonverbale Erlaubnis. Dazu schalten Sie Ihre Sinne ein: Sie schauen zunächst mal hin, was der andere gerade macht. Sendet er Signale aus, die auf einen Kommunikationswunsch hindeuten, oder sendet er Signale aus, die Ihnen bedeuten, dass Sie Abstand zu wahren haben? Der erste Test, ob der andere denn auch mit uns in Kontakt treten will, geht über die Augen. So heißt es zunächst Blickkontakt suchen und dann Blickkontakt halten.

Blickkontakt ist für viele ein schwieriges Unterfangen. Allzu schnell geht der Blick nach unten oder weicht sonst wohin aus. All jene, die sich mit direktem Augenkontakt schwer tun, sollten es daher erst mal spielerisch üben. Wie wäre es, wenn Sie mal, sagen wir, in der S-Bahn damit anfangen würden? Sie setzen sich ans eine Ende des Waggons und suchen sich jemanden am anderen Ende aus. Sie suchen nach jemandem, der so in der Gegend herumschaut, und fangen dessen Blick auf. Wegschauen und wieder hinschauen, ob der andere auch wieder den Blickkontakt sucht oder ob er beim Wegschauen bleibt.

Die nächste Stufe ist: Sie suchen sich jemanden aus, der schon ein paar Etappen näher sitzt. Auch hier sorgen Sie dafür, dass sich die Blicke kreuzen, wegsehen und erneut hinsehen. Wenn dies in sicherer Entfernung genügend geübt ist – genügend heißt: bei der Begegnung der Blicke schleicht sich in Ihnen kein Unwohlsein mehr ein, sondern es ist schon ganz selbstverständlich geworden, fremden Menschen in die Augen zu schauen –, testen Sie Ihr neues Können an einer Person, die Ihnen direkt gegenübersitzt. Zufälliger Augenkontakt, bewusstes Wiederholen, hinschauen, wegschauen, hinschauen.

Wer sich nicht in öffentlichen Verkehrsmitteln fortbewegt, kann das natürlich auch auf öffentlichen Plätzen machen, auf denen sich gerade eine Vielzahl von Leuten aufhält, ein Wochenmarkt, ein Straßenfest. Es geht auch im Restaurant oder im Bistro. Es geht überall, wo sich Menschen in verschiedenen Abständen zu einem selbst ein Weilchen aufhalten, so lange nämlich, wie es für ein mehrfaches Hin- und Wegsehen braucht.

Zurück zu unserem Thema: Small Talk – leicht gemacht. Sie befinden sich an einem Ort, an dem eine zweite Person ist, die Ihnen fremd ist und mit der Sie ins Gespräch kommen wollen. Wenn zwei Menschen zugleich am selben Ort sind, können sich ihre Blicke zufällig begegnen. Das reicht erfahrungsgemäß nicht aus, um zu wissen, ob der verbale Kontakt hergestellt werden darf. Die Augen gehen nach einem solchen zufälligen Kontakt beiseite. Jetzt heißt es erneut den Blickkontakt suchen, wieder aufheben und nochmals hinschauen. Dieses Hin- und Wegsehen wollen wir als «Blickkontakt halten» bezeichnen.

Doch mit dem Blickkontakt allein ist der nonverbale Part der Kontaktaufnahme noch nicht abgeschlossen. Signalisieren Sie über Ihre Körpersprache, dass Sie offen sind für ein Gespräch. Drehen Sie sich dem

Gesprächspartner in spe ganz leicht zu und nehmen Sie vorsichtig seine Haltung an. Wird der Blick erwidert, denken Sie an eine freundliche Mimik, deuten Sie ein Lächeln an. Ein Lächeln mit den Augen, weniger mit dem Mund, um allem Maskenhaften keine Chance zu geben.

Der schüchterne Gesprächspartner

Wenn nun der ausgewählte Gesprächspartner in spe den Blickkontakt nicht erwidert, muss das nicht unbedingt ein Stoppsignal bedeuten. Es kann auch sein, dass Sie Ihr Gesprächsinteresse in diesem Augenblick jemandem zuwenden wollen, der gern reden würde, dem aber die eigene Schüchternheit im Weg steht und der deshalb wegsieht.

Bei schüchternen Mitmenschen – wem, sage ich das! – muss man besonders vorsichtig sein. Daher wird die Zeit, in der die nonverbale Erlaubnis vorbereitet wird, ausgedehnt. Bitte achten Sie stets darauf, sich offen zu zeigen. Offener Blick, kein Starren, sondern behutsam Blickkontakt aufnehmen und wieder wegsehen. Drehen Sie sich leicht, kaum merklich der künftigen Gesprächspartnerin zu und achten Sie auf die kleinen Signale ihrer Körpersprache. Öffnet sich die andere Person ganz leicht, dreht sie sich Ihnen kaum merklich zu, oder dreht sie sich weg? Bei deutlichem Abbruch der nonverbalen Kontaktaufnahme wissen Sie: Das ist eine Stoppsituation, und Sie ziehen sich zurück. Bei kleinen Antwortsignalen haben Sie eine Alles-offen-Situation und können – bitte behutsam – starten.

Beobachten Sie, ob sich etwas anbietet, was Sie als Helfer einführen könnten. Es fällt beispielsweise etwas herunter, Sie heben es mit einem freundlichen Lächeln auf. Wird das Lächeln erwidert, machen Sie eine Bemerkung über etwas Unverfängliches, was sich Ihnen am Ort der Begegnung anbietet. Oder fragen Sie um Hilfe, ob Ihnen die andere Person, weil sie näher dransitzt, eine Zeitung reichen, das Fenster öffnen oder auch schließen könne. Helfen können und geholfen bekommen sind

Situationen, die eine vorsichtige Basis der Vertrautheit schaffen. Hier fühlt sich der Schüchterne einigermaßen sicher und traut sich dann eher, auch mit Fremden ein Gespräch zu führen.

Generell ist es nicht leicht, die Stoppsituation von der Alles-offen-Situation zu unterscheiden. Daher gilt hier, lieber einmal zu viel den ersten Schritt tun als einmal zu wenig. Für das eigene Seelenkostüm ist es dabei wichtig, die Stoppsituation einzukalkulieren und das Ansprechen als Test zu sehen, der einem die letzte Gewissheit gibt, ob das nun ein Stopp ist oder ob die Person doch gerne reden möchte, sich aber aus Schüchternheit hinter einem nur vorgetäuschten Stopp verborgen gehalten hat, oder ob – letzte Möglichkeit – die Person eben doch ihre Ruhe haben wollte.

Rapport

Vielleicht kommt Ihnen der Halbsatz «nehmen Sie die Haltung des Gesprächspartners an» befremdlich vor. Damit ist gemeint, den anderen in seiner Haltung, seinen Bewegungen, seiner Atmung zu spiegeln. Der Fachbegriff dafür lautet, dass Sie Rapport halten. Beim ersten Hinlesen mag Ihnen das sonderbar vorkommen, geradezu äffisch.

Rapport aufnehmen ist aber etwas ganz Natürliches, Selbstverständliches. Wir spiegeln unser Gegenüber automatisch, wenn wir uns gut verstehen, wenn die Beziehungsebene stimmt. Das können Sie ganz leicht überprüfen, erstens an sich selbst und zweitens durch Beobachten anderer Gesprächspaare. An sich selbst merken Sie es nur manchmal. Aber ich will Sie gedanklich in eine Situation führen, die Sie sicher schon einmal erlebt haben: Sie sind völlig in ein Gespräch mit einer Freundin, mit einem interessanten Menschen vertieft. Sie fühlen sich so richtig wohl. Da schlägt Ihr Gegenüber plötzlich die Beine übereinander. Was tun Sie? Einen kurzen Augenblick später machen Sie es nach.

Oder ein weiteres Beispiel: Sie gehen in ein Restaurant und beobachten still die Ihnen unbekannten Gäste. Das Stimmengewirr und die Hintergrundmusik verhindern, dass Sie die Worte verstehen, die gewechselt werden. Dennoch wissen Sie ganz genau, zwischen welchen Gesprächspartnern eine gute Beziehung herrscht und zwischen welchen nicht. Die, bei denen der Rapport funktioniert, haben ohne groß nachzudenken, dieselbe Haltung, denselben Takt in ihren Bewegungen, ja, wenn Sie genau hinschauen, atmen sie sogar im selben Rhythmus.

Was liegt also näher, als den natürlichen Gleichklang auf der Beziehungsebene bewusst einzusetzen? Wenn Sie also das Gespräch eröffnen wollen, schauen Sie auf die nonverbalen Zeichen. Ein Wippen des Fußes können Sie mit einer Bewegung Ihrer Finger aufnehmen, die leicht vorgebeugte Haltung des Oberkörpers übernehmen Sie auch, ja, und vielleicht noch die Haltung des Kopfes. Schon fühlt sich der andere ganz anders akzeptiert, als wenn Sie völlig bewegungslos dasitzen, sich nach hinten lehnen und das Kinn vorrecken, während er es gegen die Brust neigt.

Probieren Sie es aus – und testen Sie auch, wie Sie sich fühlen, wenn ein anderer zu Ihnen Rapport aufnimmt. Auch das ist eine leichte Übung.

Sie sitzen, sagen wir im Zug, neben Ihnen oder Ihnen gegenüber sitzt eine Person, die vielleicht nicht einmal Blickkontakt zu Ihnen aufnimmt. Aber irgendwie fühlen Sie sich in der Gegenwart dieser völlig fremden Person wohl. Wenn Sie das erleben, dann schauen Sie sich bewusst die Haltung der fremden Person und Ihre an. Ich bin mir sicher, dass Sie zahlreiche Übereinstimmungen finden werden.

Über das Reden

Sobald also die nonverbale Brücke trägt, heißt es reden – da führt kein Weg dran vorbei. Wir haben zwei Möglichkeiten, ein Gespräch zu beginnen: eine Aussage zu machen oder eine Frage zu stellen. Deshalb soll im Folgenden auf die Anwendung von Fragetechniken und auf zwei große Tabus in der Aussage eingegangen werden. Der Begriff Fragetechniken ist bewusst gewählt, denn hier geht es um die Technik des Fragens, und es wird nicht einfach so drauflosgefragt.

Aus welchem Grund sind Fragen also so wichtig? Zunächst lockern sie auf, weil sie den Gesprächspartner am Gespräch beteiligen und ihn zum Mitdenken anregen. Für den, der fragt, liefern die Antworten wichtige oder notwendige Informationen. Von Fragetechnik sprechen wir deshalb, weil hier Frageformen vorgestellt werden, die bewusst eingesetzt werden, um entsprechende Antworten zu bekommen, um das Gespräch in eine bestimmte Richtung zu leiten und um das Gespräch in Fluss zu bringen oder auch im Fluss zu halten.

Für unser Anliegen, mit fremden Menschen Kontakt aufzunehmen, sind vor allem zwei Frageformen besonders wichtig: die offene Frage, die den Gesprächspartner öffnet, und die geschlossene Frage, die den Gesprächspartner schließt.

Die offene Frage

Von «offenen Fragen» sprechen wir dann, wenn sie mit einem Fragewort beginnen. Solche Fragewörter sind: «wer», «was», «wo», «wie», «wann», «welcher» oder «welches». Man nennt sie W-Fragen. Offene Fragen öffnen die Gesprächspartnerin, und ihre Antwort ist meist ausführlich und informativ. Statt von offenen Fragen können wir hier von aktivierenden Fragen sprechen, denn sie regen das Gegenüber zum (Mit-)Denken und dann auch zum Reden an. Aber ganz wichtig ist, dass die Gesprächspartnerin hier die Freiheit der inhaltlichen Antwort hat und nicht auf die Vorgaben des Fragenden eingeschränkt ist – wie etwa bei den weiter unten noch zu behandelnden Alternativ- oder gar den Suggestivfragen.

Wer genau gelesen hat, hat sicher gemerkt, dass das Fragewort «warum» fehlt. Bei «warum» ist in der Tat Vorsicht geboten, denn es fordert leicht zur Rechtfertigung auf. Stellen Sie sich nur einmal vor, ich säße Ihnen gegenüber, und Sie trügen einen violetten Pulli, und ich frage ganz harmlos: «Warum tragen Sie einen violetten Pulli?» Na, da stellt sich doch keine Freude ein. Eher kommt ein internes Grollen auf nach dem Motto: «Was geht denn die das an?»

Um auf der sicheren Seite zu sein, lassen Sie also das lästige «Warum» einfach weg. Es gib so viele Fragewörter, die alle aus der Emotion rausführen, weil sie nach Fakten, nach Beobachtungen, nach Kenntnissen fragen und keinen Anlass geben, sich rechtfertigen zu müssen.

Fragen, die eine Entscheidung oder eine Stellungnahme oder eine Meinungsäußerung fordern, sind sehr nützlich, denn dann wird vom Gegenüber mehr an Information kommen, als wenn Sie fragen: «In welchen Film gehen Sie gern?» Besser wäre da schon:

«Was halten Sie vom derzeitigen Kinoangebot?» oder «Wie stehen Sie zum ‹neuen deutschen Film›?»

Die geschlossene Frage

Im Gegensatz zu den offenen Fragen haben die geschlossenen Fragen kein Fragewort am Anfang und lassen genau genommen nur die Antwort «ja» oder «nein» und gegebenenfalls noch «vielleicht» zu. Sie schließen also den Gesprächspartner und sind demnach ganz nützlich bei «Schwätzern». Sie bringen das Gespräch nicht in Fluss, halten es nicht im Fluss, sondern überlassen es mehr oder weniger der Laune des Gegenübers, wie ausführlich die Antwort ausfällt.

Die geschlossene Frage einzusetzen, um bei einem Schwätzer auch mal zu Wort zu kommen, bedarf ein bisschen der Übung. Denn, wenn Sie auf einen sehr mitteilungsbedürftigen Mitmenschen treffen, dann wird er zwar die geschlossene Frage mit «Ja» oder «Nein» beantworten, doch dann sofort eine Erklärung für das Ja oder das Nein nachreichen. Sie sollten daher auf der Hut sein und nach der Bestätigung oder Verneinung sofort «nachschieben», das heißt, ehe die Erklärung kommt, die nächste geschlossene Frage folgen lassen. Sie haben gefragt, die Antwort kam, Sie fragen weiter, die Antwort kommt, und Sie fragen notfalls ein drittes Mal. Spätestens dann ist auch der redseligste Mund geschlossen, und Sie können Ihren öffnen, um eigene Aspekte und die eigene Meinung zum Thema einzubringen.

Nicht immer hält sich die Quasselstrippe an die «Spielregel» und sprudelt gleich los. Wenn die Antwort aber nicht zu Ihrer Frage passt, sollten Sie einfach Ihre Frage nochmals in den Redeschwall hinein wiederholen, notfalls so oft, bis das ersehnte «Ja» oder

«Nein» kommt, um – wie oben ausgeführt – mit einer oder mehreren nachfolgenden geschlossenen Fragen den Redefluss doch noch zu stoppen.

Dieses kleine sprachliche Spiel hat natürlich einen tieferen Sinn. Vielen Menschen verschlägt es bei zu redseligen Zeitgenossen auch deshalb die Sprache, weil Sie sich als unhöflich vorkämen, würden sie diesen Wortfluss stoppen. Wer aber die korrekte Antwort, nämlich ein knappes «Ja» oder «Nein», auf seine geschlossene Frage abgewartet hat, traut sich leichter, dem Redeschwall Paroli zu bieten. Schließlich ist der Höflichkeit Genüge getan.

> Frau Braun ist voll in Fahrt: «Das ist aber ein wunderschönes Fest. Da hab ich mich ja nicht zu Unrecht fast eine Stunde zurechtgemacht. Schauen Sie mal die vielen Kleinigkeiten dahinten und die bunten Lampions. Und das Essen, auf das freue ich mich! Und wie es jetzt duftet!»
> Petra Schwarz: «Ist das Gegrillte fertig?»
> Frau Braun: «Ja, und ich ...»
> Petra Schwarz: «Mögen Sie etwas essen?»
> Frau Braun: «Ja, ich ...»
> Petra Schwarz (in sehr freundlichem Ton): «Mmmh, dann guten Appetit. Ich habe noch keinen Hunger und gehe jetzt zu den Lampions rüber.»

Zwei weitere Frageformen, die ebenfalls ohne Fragewort starten, sollen Ihnen noch vorgestellt werden – und Sie gleichzeitig auf Vorsicht einstimmen. Die können den Gesprächspartner nicht nur «schließen», sie können ihn auch ganz gewaltig verstimmen. Ich rede von so genannten Alternativfragen und von den Suggestionen, die sich nur dem Ton nach der Frageform bedienen.

Die Alternativfrage zuerst. Sie startet ebenfalls ohne Fragewort, doch entlarvt sie sich an dem kleinen Wörtchen «oder» und beschränkt das Gegenüber auf die zwei vorgegebenen Möglichkeiten. Diese Frageform mag gut sein, wenn nach langem Hin und Her ein unentschiedener Gesprächspartner auf die beiden sinnvollsten Alternativen eingeschränkt wird – sinnvoll aus der Sicht des Gegenübers, versteht sich! Aber wenn ich gerade mit jemandem Kontakt aufgenommen habe, ihm die Speisekarte vorhalte und frage: «Wollen Sie das Tagesmenü eins oder nur eine Suppe?», dann ist das Ende der Kontaktaufnahme schon eingeläutet. Häufig verbirgt sich hinter einer solchen Scheinalternative eine Vorannahme des Fragenden. «Möchtest du lieber zum Chinesen oder zum Italiener?» Hier wird die Auswahl der Gerichte suggeriert und gleichzeitig unterstellt, dass der andere überhaupt essen gehen möchte. Das könnte geradezu die Gegenfrage herausfordern: «Was bringt dich eigentlich zu der Annahme, dass ich essen gehen will?»

Noch gefährlicher als Alternativfragen sind Suggestivfragen. Sie arbeiten mit Unterstellungen nach dem Muster: «Sie sind doch auch der Meinung?» Der Gesprächspartner fühlt sich nur allzu leicht manipuliert. Diese Frageform ist auch bei langen Freundschaften keine gute Wahl.

Für unser Anliegen, mit Fremden ins Gespräch zu kommen, ist demnach die nützlichste Frageform die offene Frage, die Wissen über den noch Unbekannten bringt, über dessen Interessen und über dessen Themen.

Um die Wirkung von offenen beziehungsweise geschlossenen Fragen zu verdeutlichen, soll eine kleine Geschichte erzählt werden. Sie macht vor allem anschaulich, dass man zwar mit geschlossenen Fragen eine wahrheitsgetreue Antwort bekommen, deren Informationsgehalt aber gleich null sein kann.

Ich saß eines Morgens im Zug. Etwa nach zehn Minuten Fahrt

kam der erste Halt: Ludwigsburg. Dort stieg ein junger Mann mit einer großen Reisetasche ein und setzte sich eine Sitzreihe vor mich. Seine erste Handlung war, eine Bierdose aufzureißen und daraus zu trinken. Dann fuhr der Zug so dahin. Der junge Mann leerte eine zweite Dose Bier. Es klingelte sein Handy, und er führte ein Telefongespräch in einer mir fremden Sprache. Etwa gegen 8 Uhr 30 stand der junge Mann auf und fragte mich in akzentfreiem Deutsch: «Fahren Sie nach Würzburg?»

Ich gab ihm wahrheitsgemäß die Antwort: «Nein» – eine Antwort, die ihm, seinem Gesichtsausdruck zufolge, nicht viel nützte.

Was, liebe Leserin, lieber Leser, wollte der junge Mann denn nun in Wirklichkeit von mir wissen? Ich habe nachgefragt. «Mit dieser Antwort ist Ihnen wenig weitergeholfen. Was möchten Sie denn wissen?»

Er antwortete dann: «Könnten Sie bitte nach meiner Tasche sehen, wenn ich jetzt schnell rausgehe?» Okay, damit war das Problem gelöst, denn ich sagte ihm, dass ich noch zirka 15 Minuten im Zug sei. Er ging hinaus, und ich achtete auf seine Tasche.

Die geschlossene Frage brachte ihm nicht die Information, die er benötigte. Wer eine Information über ein reines Ja oder Nein hinaus braucht, wählt daher lieber eine offene Frage.

Nehmen wir einmal an, dem Mann war es peinlich, mir sein Anliegen zu offenbaren, ehe er sich sicher sein konnte, dass ich auch die Richtige bin, die auf seine bierdosengefüllte Tasche aufpassen kann ... Da war die Information, die er für diese Entscheidung brauchte, lediglich meine weitere Verweildauer im Abteil. Demnach hätte er es einfacher gehabt, wenn er mich gefragt hätte: «Wie lange sind Sie noch im Zug?»

Ich hätte auch hier wahrheitsgemäß geantwortet: «15 Minuten.»

Daraufhin hätte er entscheiden können, ob ihm diese Zeit für seinen Gang zur Toilette ausreicht. Wäre er zu einem positiven Ergebnis gekommen, hätte er mich gefragt: «Passen Sie dann bitte kurz auf meine Tasche auf?»

Hier wäre die geschlossene Frage durchaus am Platz gewesen, denn er wollte ja nicht mit mir plaudern, sondern ein klares Ja oder Nein, um zu wissen, ob er entweder gleich gehen oder ob er sich nach einem anderen Wächter für seine Tasche umsehen musste. Denn nur er weiß, wie lange er für «sein Geschäft» braucht.

Hilfe bei den «langen Pausen»

Vielen ist es geradezu peinlich, wenn während des Gesprächs eine Pause entsteht. Zunächst einmal ist eine solche Pause nichts Schlimmes – und bedenken Sie, dass gemeinsames Schweigen alles andere als peinlich, sondern ein Zeichen tiefer Vertrautheit sein kann, wenn sich zwei Menschen sehr gut kennen. Aber wenn man sich ja gerade das erste Mal begegnet ist und die ersten drei, vier Sätze gewechselt hat, ist so viel Nähe zu früh. Da ist es natürlich sinnvoll, ein Mittel an der Hand zu haben, das hilft, die Pause zu umgehen.

Sie ahnen es vielleicht: Ein solches Hilfsmittel ist eine offene Frage, die allerdings nicht gerade ein Wort oder eine Kurzinformation nach sich ziehen sollte, sondern schon Informationen fordert. Hier ist es sinnvoll, einen Frageanfang zu finden wie: «In welcher Hinsicht ist ...?» oder «Was genau ist ...? oder «Wie, meinen Sie, ist ...?»

Sinnvoll ist es natürlich, mit dieser Frage etwas anzuschneiden, was noch nicht abgehandelt worden ist, was noch nicht in eine Sackgasse geführt hat. Die Pause wird aufgehoben durch eine offene Frage, die ein neues Thema einleitet oder ein Thema, aus dem das gerade ins Stocken geratene Gespräch fortführt, das jedoch nur erwähnt, aber noch nicht behandelt wurde (siehe dazu auch Seite 109).

Grenze des Fragens

Eine alte Verkäuferweisheit lautet: «Wer fragt, führt das Gespräch.» Die Weisheit ist sicher richtig, doch im Übermaß alles andere als weise. Daher füge ich hier einen zweiten Merksatz an: «Wer ausfragt, ist out.»

Es ist wichtig, dass sich Fragen und Aussagen abwechseln, dass die fragende Person, nachdem sie eine Antwort bekommen hat, etwas von sich preisgibt, also vor der nächsten Frage erst eine Aussage anfügt. Es sollte eine ausgeglichene Bilanz zwischen Fragen und Antworten auf der einen Seite und Hinzufügungen, eigenen Beiträgen, auch ungefragten Ergänzungen auf der anderen Seite bestehen. Die Forderung nach einer ausgeglichenen Bilanz betrifft demnach das über den anderen Erfahrene und das von sich selbst Preisgegebene.

Lassen Sie uns mal wieder einen Blick ins Neandertal werfen, besser: den Bewohnern des Neandertals unser Ohr leihen. Rudi bummelt allein durch den Urwald und begegnet dort einem Fremden, den er sofort anquatscht und neugierig ausfragt. Der Fremde ist ziemlich einsilbig, kann aber dem Fragenfeuer nicht standhalten.

Rudi: «Wo kommst du her?»

Der Fremde: «Vom See.»

Rudi: «Was hast du da gemacht?»

Der Fremde: «Gefischt.»

Rudi: «Hast du was gefangen?»

Der Fremde: «Nein.»

Rudi: «Wie lange hast du probiert?»

Der Fremde: «Einen Tag.»

Rudi: «Wie hast du's gemacht?»

Der Fremde: «Mit der bloßen Hand.»

Jetzt wird es selbst Rudi zu blöd. Erfahren hat er zwar ein paar Fakten, aber ein sinnvolles Gespräch war das wirklich nicht. Rudi lässt den Fremden stehen. Er weiß nicht, woher er kommt – und das, obwohl er eine offene Frage gestellt hat – und auch sonst nichts. Dabei ist Rudi ein leidenschaftlicher Fischer und hätte sich gern mit dem Fremden ausgetauscht. Vielleicht hätte er ihm ja ein paar Tipps geben können. Aber bei so einem ist ja jeder Rat wie Perlen vor die Säue geworfen.

Rudi irrt sich, denn nicht alle im Neandertal kommunizieren vorsintflutlich. Denn als der Fremde auf Daniel stößt, verläuft das Gespräch ganz anders.

Daniel: «Ich habe dich noch nie hier gesehen. Wo kommst du her?»

Der Fremde: «Ich lebe im Nachbartal und wollte mal die Gegend ein bisschen erkunden.»

Daniel: «So weit bin ich noch nie gekommen. Was hast du denn alles gesehen auf dem Weg von deinem Tal zu uns?»

Der Fremde: «Nur Wald und ein paar große Felsbrocken. Aber da unten ist ein See. Kennst du den?»

Daniel: «Ja natürlich, da fischen wir immer.»

Der Fremde: «Ich habe da auch gefischt, aber nichts gefangen. Wie geht ihr da vor?»

Daniel: «Wir haben da so einen kleinen Kasten gebaut, in den die

Fische reinschwimmen und dann, wenn sie umdrehen, den Ausgang nicht mehr finden. Willst du das mal sehen?»

Der Fremde: Klar, das kenn ich nicht, ich habe es mit bloßen Händen versucht, und da sind mir die schleimigen Dinger immer durch die Finger gerutscht. Ich heiße übrigens Lothar.»

Daniel: «Und ich heiße Daniel. Komm, lass uns einen kleinen Wettlauf zum See machen.»

Was, liebe Leserin, lieber Leser, ist denn nun der gravierende Unterschied in diesen beiden Gesprächsabläufen? Ja, Sie haben recht bemerkt. Daniel gibt auch etwas von sich preis und ermuntert so den Fremden, nicht nur bereitwillig über sich zu reden, sondern auch Informationen einzuholen, die ihn interessieren und die Daniel von sich aus nicht erzählt hätte.

Also gehören auch Aussagen zu einer guten Gesprächsführung. Doch für den Einstieg in ein Gespräch mit einem Fremden und um sich auf der «sicheren Seite» zu halten, sind bei Aussagen zwei Tabus zu beachten: Zum einen darf die Aussage kein Klagen oder Jammern sein, und zum anderen darf sie keine persönlichen Ansichten enthalten.

Stellen Sie sich vor: Sie sitzen in einem Restaurant und freuen sich auf ein leckeres Essen. Da setzt sich jemand zu Ihnen, der vorher freundlich gefragt hat, ob der Platz an Ihrem Tisch noch frei ist. Sie haben das bestätigt, und da Ihnen der Mann ganz sympathisch erschien und Sie zudem gern in Gesellschaft essen, haben Sie die kleine Gesprächssequenz mit einer einladenden Geste unterstrichen.

Sie kommen auch sofort ins Gespräch, doch wird es nicht heiter freundlich, wie das Ambiente des Restaurants es suggerieren könnte und Ihre Vorfreude auf das Essen es wünschen würde. Nein, der Kerl mäkelt ständig. Die Speisekarte ist zu wenig umfangreich, der Tisch ist nicht akkurat gedeckt, schon der Weg ins Lokal war mühselig, weil er so hetzen musste, um vorher alles noch rasch zu erledigen, was auf seinem Plan stand, und dann wurde er auch noch angerempelt: «...und stellen Sie sich vor – der Rüpel hat sich nicht mal entschuldigt!»

Redeschwall. Sie nicken vielleicht, und schon geht es weiter. Ihr Tischnachbar beginnt nun die Klage über Gott und die Welt, angefangen bei der großen Politik in Berlin, endend beim Bürgermeister im Ort. Dann kommt der Sport dran, ja da ist auch nichts mehr so, wie es mal früher war, die Wirtschaft – und und und. Muss ich fortfahren? Sie kennen solche Leute und sind mit Sicherheit bedient.

Um einen Sachverhalt zu verdeutlichen oder eben auch um die Struktur eines Gesprächs offen zu legen, ist Übertreibung nötig. Der Gevatter, der sich fiktiv zu Ihnen an den Tisch setzte, war nicht nur ein Miesepeter, sondern auch ein Schwätzer, wobei sich der Redeschwall ausschließlich auf negative Botschaften beschränkte.

Wir kennen den umgekehrten Fall: Da ist jemand voll von einem wunderbaren Erlebnis und schwärmt und schwärmt und schwärmt. Sie wissen sofort, dass das nur dann nervt, wenn der Gegenstand der Schwärmerei einen nicht interessiert. Aber sonst hören wir doch gern jemandem zu, der über schöne Dinge redet und das mit einer glaubwürdigen Begeisterung.

Kurzum: Es ist in der Tat nicht der Redeschwall, der uns beim Miesepeter erstarren lässt, es ist die negative Botschaft. Was ich hier angeführt habe, ist also ein Extrem. Aber «Wehret den Anfängen» heißt es ja, und daher ist es sicher sinnvoll und vor allem für den Fortgang des Gesprächs nützlich, dass Sie, die Sie zukünftig wirklich das Gespräch führen wollen (und das heißt: die Zügel in der Hand haben), jegliches Jammern und Wehklagen unterlassen. Das gilt erst recht, wenn Sie gerade nicht so gut drauf sein sollten.

Das gilt aber auch dann, wenn der andere zu klagen beginnt. Sie stimmen einfach nicht mit ein. Es mag zwar ein erhebendes Gefühl sein, im Gleichklang den Mond anzuheulen – aber wie kriegen Sie jetzt die Kurve, die Person wiederzusehen (wenn Sie überhaupt nach dem Gemäkele noch das Interesse daran haben)? Stellen Sie sich einmal den kommunikativen Aufwand vor: «Ach, das war aber jetzt mal schön, so viele Beschwerden zu erfahren. Davon hätte ich gern mehr. Ich würde mich gern mit Ihnen nochmals treffen, um dieses allgemeine Gejammere fortzuführen ...»

Ein notwendiger Einschub

Hier ist sicher eine Anmerkung nötig. Wir reden hier die ganze Zeit über Kontaktaufnahme und den Einstieg in ein Gespräch mit einer fremden Person. Normalerweise ist es uns mehr als peinlich, wenn die Fremde plötzlich über ihre Menstruationsbeschwerden spricht, wenn der Fremde erzählt, wie sehr er leidet, seit seine Freundin ihn verlassen hat. Handelt es sich jedoch um Freunde, dann sind auch unangenehme und traurige Themen nicht nur erlaubt, sondern hier ist auch der Ort, um sich auszusprechen. Um Freunde zu werden, braucht es seine Zeit. In der Phase der Kontaktaufnahme, also die Phase, um die es hier geht, stehen sich zwei Fremde gegenüber, die sich beschnuppern, um zu erfahren, ob es lohnt, sich näher kennen zu lernen. Erst wenn man sich näher kennt, kann daraus eine gute Bekanntschaft und dann vielleicht Freundschaft werden.

Wer sich nun beim Freund, bei der Freundin, aussprechen möchte, sollte auch da ein paar Spielregeln beachten. Denn auch eine Freundschaft ist nicht unendlich strapazierfähig. Aussprechen heißt, dass das Gesagte dann «draußen» ist und nicht noch weitere zehn Mal wiedergekäut werden muss. Das stellt jede Freundschaft auf eine harte Probe. Vielleicht ist hier eine mögliche Vorgehensweise ganz nützlich: Treffen Sie eine Vereinbarung mit Ihren Freunden. Sie dürfen sich alles von der

Seele reden, einmal. Wiederholungen sind nicht erlaubt, außer Sie fragten, ob es eine Ausnahme gibt, denn Sie müssten nochmals alles runterbeten. Ist Ihr Freund, Ihre Freundin bereit, sich dasselbe nochmals anzuhören, dann ist auch eine Wiederholung selbstverständlich in Ordnung. Alles, was zum alten Leid neu hinzukommt, darf natürlich dem Freund, der Freundin erzählt werden, wieder, um es sich – einmal – von der Seele zu reden.

Kehren wir zum Thema zurück, zur Gesprächseinführung. Wir passen also höllisch auf, dass uns kein Klageseufzer entwischt, uns gefällt das Ambiente ringsherum, wir sind beispielsweise im Theater und genießen eine moderne Inszenierung des Klassikers «Don Carlos» von Friedrich Schiller. Da steht also die Person, die wir gern ansprechen würden - und jetzt dürfen wir das nächste Tabu nicht verletzen: Nichts Persönliches, will sagen auch keine Geschmacksäußerung, denn was ist persönlicher als der eigene Geschmack?

Es dreht sich wohl bemerkt um den Einstieg ins Gespräch. Im späteren Verlauf sind persönliche Äußerungen, eine persönliche Meinung, der persönliche Standpunkt geradezu gefragt, aber beim Start ins Gespräch kann es beim anderen den berühmten Rollladen herunterrasseln lassen, und das war's halt dann. Wäre die persönliche Aussage vorbereitet gewesen, wäre er oben geblieben.

Lassen Sie mich die Geschichte im Theater weiterspinnen. Da steht eine junge Frau, schaut versonnen vor sich hin, dann merkt sie, dass ein junger Mann sie anschaut, und sie erwidert seinen Blick. Das ermutigt ihn, sich zu ihr zu stellen. Sein erster Satz lautet: «Das ist aber eine tolle Inszenierung! Endlich mal das Verstaubte wirklich abgestreift! Wie finden Sie das? Toll was?» Sie lächelt verlegen, stammelt vielleicht noch etwas und dreht sich ab. Vorhang sozusagen ...

Was ist hier passiert? Gejammert hat der junge Mann jedenfalls nicht, aber geklappt hat's trotzdem nicht. Lassen Sie uns also einen Blick in die Gedanken der jungen Frau werfen, die – das ist unbestritten – am richtigen Ort ist, denn sie ist eine Liebhaberin des Theaters und da besonders der Klassiker und da wieder speziell Friedrich Schillers. An diesem Abend fühlt sie sich aber völlig erschlagen von der Wucht der Moderne, und als sie so dastand, drehte sich in ihrem Kopf das Fragenkarussell: «Darf man den Klassikertext wirklich einfach als Steinbruch verwenden? Wo um alles in der Welt ist mein Schiller?»

Plötzlich kommt der junge Mann auf sie zu, ein offenes freundliches Gesicht, das sie anschaut, als könnte er ihre Gedanken lesen. Sie freut sich, als er auf sie zukommt, denn gerne würde sie über die vielen Fragezeichen in ihrem Kopf mit jemandem reden. Morgen, mit ihrer Freundin, geht das nicht, schließlich hat die es nicht miterlebt. Und dann, platsch, dieser Begeisterungssturm des Fremden für etwas, was sie noch lange nicht annehmen kann. Ist sie wirklich so verstaubt mit ihrer Freude an werkgetreuen Inszenierungen und versteht sie das heutige Theater einfach nicht? Auf Rechtfertigungen hat sie aber auch keine Lust, schon gar nicht gegenüber jemandem, den sie überhaupt nicht kennt. Dann lieber doch nicht darüber reden.

Bitte denken Sie an den Satz: Der Ort schenkt Ihnen das Thema. Im eben beschriebenen Fall war es wohl der Ort, der das Thema hervorbrachte, doch hat unser Beispiel-Mann zu schnell eine rein persönliche Bemerkung gemacht, zu schnell den eigenen Geschmack präsentiert. Bleiben Sie vielmehr zu Beginn des Gesprächs, sprich:bei der eigentlichen Kontaktaufnahme, wirklich beim Ort und gehen Sie nicht gleich auf das Geschehen am Ort ein.

Der Ort ist in diesem Fall das Theater, der nächste Sprung könnte zum Autor des Stückes gehen, dann zum Stück selbst. Wenn der junge Mann nun, ehe er seine Ansicht preisgibt, fragte: «Wie finden Sie diese Inszenierung?», dann hätte sich nachfolgend vielleicht eine fruchtbare Unterhaltung über die einzelnen Ansichten ergeben, und für beide wäre daraus ein schönes Gespräch entstanden.

Lassen Sie mich mal den Dialog nachzeichnen, wie er hätte «harmloser» verlaufen können. Wir befinden uns in einem kleinen Stadttheater, das Ende des 18. Jahrhunderts gebaut wurde und damit zu Lebzeiten Schillers, doch war er wohl nie in dieser Stadt, und es wurde zu seiner Zeit auch nie eines seiner Stücke hier aufgeführt. Das weiß unser junger Mann aus dem Programmheft.

Der Theaterverein ist sehr rührig, und so wird auch dieses Mal eine kleine Ausstellung über den Autor des Stückes im Foyer gezeigt. Überall hängen Bilder aus der Zeit Schillers, und das passt harmonisch ins Treppenhaus und ins Foyer des Theaters. Im Foyer ist auch eine kleine Theke aufgebaut, an der es etwas zu trinken und Häppchen gibt. Diese Theke wirkt wie ein Fremdkörper und ist auch ein echter Stilbruch, denn es handelt sich um einen Tapeziertisch, der mit weißen Tüchern bedeckt ist. Unser junger Mann bezahlt gerade sein Glas Sekt, als er die Frau, an eine Säule gelehnt, entdeckt. Er bewegt sich von der Theke weg, bleibt noch ein bisschen mitten im Foyer stehen und schaut immer mal wieder zu ihr hinüber, bis sie seinen Blick erwidert. Er bleibt noch kurz stehen, bis er sich sicher ist, dass sie den Blickkontakt aufrechthält. Dann bewegt er sich auf sie zu, es sind gerade mal fünf, sechs Schritte.

Er: «Das Theater ist ja gerade so alt wie das Stück.» Er schaut sich dabei ein bisschen um und ergänzt: «Im Programmheft steht, dass es fünf Jahre vor der Uraufführung fertig wurde.»

Sie: «Das Programmheft habe ich noch gar nicht gelesen, aber dass Schiller und der Baustil zusammenpassen, das zeigt ja auch die Ausstellung.»

Er: «Das ist mir auch aufgefallen. Die Theaterleute hier stellen die ganze Dekoration auf dieses Schiller-Stück ab. Wie finden Sie denn die Inszenierung?

Sie: «Im Moment bin ich noch ein bisschen ratlos. Ich mag eigentlich lieber, wenn es ganz konservativ läuft. Aber hier passt das nicht so zusammen.»

Er: «Fast wie die Theke in diesem Foyer. Das stört mich ein bisschen. Bei der Inszenierung von Klassikern finde ich es aber schon gut, auch eine andere Sicht zuzulassen.»

Sie: «Gegen eine andere Sicht hätte ich bestimmt nichts einzuwenden, aber das hier ist ja eine völlig andere Interpretation, Marquis Posa als Terrorist, ich weiß nicht.»

Er: «So habe ich das gar nicht gesehen. Was haben Sie denn als terroristisch gewertet?»

... und so weiter, und so weiter, die beiden müssen jetzt aufpassen, dass sie den Pausengong nicht verpassen und wieder an ihre Plätze gehen. Hier bietet sich förmlich an, sich nach der «erzwungenen» Unterbrechung durch die Fortsetzung des Stücks in der Kneipe nebenan noch auf ein Glas zu treffen, um das endgültige Ergebnis der Inszenierung zu besprechen. Wird ihre Ansicht, dass dieser Marquis Posa als Terrorist gezeichnet ist, am Ende bestätigt? Oder ist es so, dass er nur der Hitzkopf ist, der ein bisschen übers Ziel hinausschießt, aber dass es doch der Kämpfer für mehr Freiheit bleibt, durchaus tolerabel mit der schillerschen Anlage, wie ihn der junge Mann empfunden hat?

Im Dialog startet der Mann mit allgemein zugänglichen Dingen, die er – ganz Small Talk – ohne große eigene Wertung einbringt. Die Frau geht darauf ein, denn hier besteht keine Gefahr, verletzt, gekränkt, zurückgesetzt zu werden. Als sie langsam beim eigentlichen Thema, der Aufführung, ankommen, sind beide «warm gelaufen». Gleichzeitig bereiten beide den Boden für eine mögliche kontroverse Diskussion, in der jeder sehr wohl Persönliches sagen kann, den ganz persönlichen Standpunkt, auch den eigenen Geschmack, die eigene Vorbildung, das eigene Wissen einbringen kann, ja sogar einbringen muss, soll das Gespräch lebendig werden. Denn jetzt, nach dieser behutsamen Vorbereitung und Hinführung, steht das Gespräch auf einer breiteren Basis. Jetzt kann es vielfältig werden.

Mehr Wortschatz und bessere Dialoge

Der Gesprächsanfang ist das eine, die Gesprächsführung das andere. Damit kommen wir auf das nächste, nicht seltene Problem: Wahrscheinlich gibt es wenige Worte der deutschen Sprache, die Sie nicht kennen. Trotzdem verwenden Sie nur eine kleine Auswahl aus Ihrem Wortschatz, und manchmal – und bevorzugt bei solchen Anlässen – fällt Ihnen kein passendes Wort ein. Aber auch hier ist es so wie bei all den anderen hier behandelten Dingen: Üben. Der Wortschatz lässt sich trainieren.

Übung:

Für den beruflichen Bereich wählen Sie eine Fachzeitschrift und für den Privatbereich Ihr Lieblingsmagazin, schlagen willkürlich eine Seite auf und suchen sich irgendein Hauptwort aus. Dann nennen Sie rasch alle Synonyme, das heißt alle gleichbedeutenden Wörter, die es dafür gibt.

Im zweiten Schritt zählen Sie wahllos und wie es Ihnen einfällt, alle Assoziationen auf. Assoziationen sind Gedanken, die einem zu einem bestimmten Begriff oder einer bestimmten Situation einfallen. Nun folgt ein weiterer Durchgang an Assoziationen, doch dieses Mal teilen Sie auf in

a) einen positiven und
b) einen negativen Strang.

Zudem dürfen Sie keinen der bereits gefundenen Begriffe wiederholen.

Ihre sprachliche Kreativität bringen Sie mit dem nächsten Spiel auf Vordermann. Sie starten mit einem kurzen Satz, den Sie dann begründen. Die Begründung wird erneut begründet, jede weitere Begründung wird wieder begründet. Sie werden überrascht sein, wie Sie sich selbst von einem Thema ins andere führen können und wohin Sie sich leiten könnten, um aus einer unergiebigen Geschichte herauszukommen.

Die Beispielaussage lautet: Ich gehe spazieren.

- Ich gehe spazieren, weil ich dann an der frischen Luft bin.
- Ich bin an der frischen Luft, weil das gesund ist.
- Das ist gesund, weil ich dann Sauerstoff tanken kann.
- Ich tanke Sauerstoff, weil ich mich wieder besser konzentrieren möchte.
- Ich möchte mich besser konzentrieren, weil ich eine Arbeit fertig machen muss.
- Ich muss eine Arbeit fertig machen, weil ich mich nur dann zur Prüfung anmelden kann.
- Ich kann mich zur Prüfung anmelden, weil ich dann meine Ausbildung abschließe.
- Ich schließe meine Ausbildung ab, weil … Und so weiter …

Anstelle dieser Gedankenketten können Sie auch mit Karteikarten arbeiten und sich so Ihre Geschichten «basteln». Dazu benötigen Sie zwei Stapel Karteikarten, jeder besteht aus etwa 40 bis 50 Karten, und jeder Stapel hat eine andere Farbe. Nehmen wir an, der eine besteht aus weißen, der andere aus blauen Karteikarten. Nun schreiben Sie auf die weißen Karteikarten nur Substantive, auf die blauen nur Verben. Dann mischen Sie jeden Stapel für sich und legen beide mit der beschriebenen Seite nach unten vor sich hin.

Im ersten Durchgang ziehen Sie aus jedem Stapel eine Karte und erfinden daraus eine kleine Geschichte. Im zweiten Durchgang ziehen Sie aus jedem Stapel zwei Karten und erfinden eine Geschichte, im dritten ziehen Sie beispielsweise aus dem blauen Stapel zwei Karten aus dem weißen Stapel drei Karten und erfinden daraus eine neue Geschichte.

Sich vorstellen

Wenn Sie sich historische Filme anschauen, die herrlichen Kostümfilme, werden Sie feststellen, dass die Herren, die häufig in Uniform stecken, bei der ersten zufälligen Begegnung eine leichte Verbeugung machen; eventuell schlagen sie sogar die Hacken zusammen oder deuten dies zumindest an. Dann sagen sie klar und deutlich, wie sie heißen, mit allen Von und Zus ihres langen Namens.

Wie sieht das heute bei privaten Gelegenheiten aus? Wie wirkt das, wenn Sie im Zug eine Ihnen völlig fremde Person treffen, ein Gespräch beginnen wollen und als Erstes sagen: «Gestatten, mein Name ist Helga Mayer.» Ihr Gegenüber wird wahrscheinlich ein bisschen pikiert dreinschauen, sich unwohl fühlen, weil es sich nun gezwungen fühlt, sich seinerseits vorzustellen, aber noch lange nicht seine Identität preisgeben möchte und ganz sicher auf keinen Fall gleich so viel Intimität mit der fremden Frau haben wollte.

Vieles im Umgang miteinander hat sich geändert. Wenn Sie auf eine völlig unbekannte Person treffen und der Anlass keine persönliche Komponente enthält, ist es wichtig, sich genau zu überlegen, ob Sie sich überhaupt vorstellen sollen. Soll das Gespräch unverbindlich bleiben, sprich einfach nur eine nette Begegnung, um nicht allein essen zu müssen, um sich die Zeit an der Haltestelle oder im Zug zu vertreiben, ist es überhaupt nicht nötig, sich vorzustellen.

In jedem Fall braucht die völlig fremde Person Zeit, um zu Ihnen eine Beziehung herstellen zu können. Sie reden über dies und das, finden Gemeinsamkeiten, gleiche Interessen, und dann sagen Sie: «Übrigens, ich heiße Helga Mayer.»

Ihr Gegenüber wird dann kein Problem haben, sich ebenfalls vorzustellen, denn es ist genug Zeit vergangen, um die Gesprächsbrücke tragfähig zu machen. Bei privaten Festen stellen Sie sich natürlich immer vor. Ihr Anknüpfungspunkt ist hier der Anlass oder der Gastgeber. «Hi, ich bin Martina, die beste Freundin unserer Gastgeberin.» Oder: «Mein Name ist Bernd Hofner, ich habe mit dem Geburtstagskind studiert.»

Small Talk im beruflichen Umfeld

Im Privatbereich wird Small Talk von vielen als zu primitiv, weil belanglos und zu wenig niveauvoll, abgetan. Die selben Leuten wissen allerdings sehr wohl, dass das in den Gesprächen, die der Beruf alltäglich fordert, zu kurz gedacht ist. Hier ist Small Talk den direkten Gesprächen und den Telefonaten vor- und nachgeschaltet. Da ist eine kleine Aufwärmphase durchaus angebracht bis notwendig. Die Schwierigkeit bei diesen Gesprächen besteht darin, rechtzeitig die Kurve zu kriegen. Denn Plaudern ist in einer Zeit, in der es keine Zeit gibt, nicht nur störend, sondern auch mehr oder weniger teuer.

Small Talk als Teil der geschäftlichen Verhandlung stellt sozusagen das Fundament des Gesprächs dar, es gibt die solide Basis, auf der später virtuos gespielt werden kann.

Small Talk schließt aber auch die wichtigen Gespräche ab, um eine gute Beziehung für den Abschied zu schaffen, die garantieren soll, dass der Kontakt weitergeht, ein Kontakt, der sowohl die Geschäfte als auch die eigene Karriere fördern kann. Diese Small Talk-Phasen als Auf- und Abgesang alltäglicher Gespräche im Beruf machen Sie ganz automatisch, schließlich kommunizieren Sie professionell mit Ihren Geschäftspartnern.

Schwierig wird es für viele dann, wenn es um Situationen im Beruf geht, bei denen der Small Talk schon das Gespräch an sich ausmacht. Damit sind wir wieder beim Thema dieses Buches.

Bisher haben wir das Schema der Kontaktaufnahme vorwiegend auf private Situationen angewandt, doch dieser Kommunikationsweg hilft auch bei den mehr oder weniger zufälligen beruflichen Begegnungen. Gemeint sind damit die sattsam bekannten und selten geliebten Zusammenkünfte bei beruflichen Feierlichkeiten und bei gesellschaftlichen Anlässen, zu denen mehr Leute als die direkte Arbeitsgruppe erscheinen.

Wenn sich «nur» das Team trifft, das jeden Tag zusammen ist, dann gibt es kein Problem, ein Gesprächsthema zu finden und mehr oder weniger ausführlich durchzukauen. Doch zu Betriebsfeiern, bei denen sich Mitarbeiter aus anderen Abteilungen treffen, oder gar Veranstaltungen, zu denen auch Kunden und Lieferanten eingeladen sind, wird es für manchen etwas schwieriger, zwanglos auf die Fremden zuzugehen und ein kleines Gespräch zu führen.

In der beruflichen Situation sind Kommunikationsschwächen immer hinderlich, und zwar die in Form von Schüchternheit ebenso wie jene in Form von Aufgeblasenheit. Während Zurückhaltung im Privaten, wenn Sie «nur» eine Gelegenheit für ein nettes Gespräch im Zug versäumen, noch eine «lässliche Sünde» ist, ein solches Verhalten im Beruf fatale Folgen haben kann.

Wer sich auf beruflicher Ebene scheut, auf andere zuzugehen, bleibt leicht im Abseits der Karriere. Über Small Talk lässt sich leicht feststellen, bei wem die Chemie stimmt und bei wem nicht, das heißt, bei wem nachgearbeitet werden muss, um professionell miteinander umgehen zu können. Im Unterschied zum Privatleben, wo man leichter jenen aus dem Weg gehen kann, mit denen man nicht gut auskommt, ist das im Beruf geradezu unmöglich. Hier sind es die Umstände, die Aufgaben, die Raumsituation, das Projekt – kurzum der Arbeitsalltag, der bestimmt, wer mit wem zusammenarbeiten können muss.

Basis der Gespräche

Natürlich ist auch im beruflichen Kontext der Kontaktaufnahme das genaue Hinsehen und Hinhören wichtig. Das Schärfen der eigenen Wahrnehmung ist immer gut, wenn man Kommunikations-Blockaden vermeiden will. Denn wer alles Mögliche um sich herum wahrgenommen hat, für den findet sich leicht ein neues Thema, und der kann locker über vieles reden.

Beim Small Talk auf beruflichem Parkett ist Allgemeinbildung sicher auch nicht schädlich, auch wenn sich hier das Allgemeinwissen häufig eher auf das Unternehmen und auf Wirtschaftsfragen bezieht. Doch dann und wann ist Belangloses so nebenbei ganz angenehm, denn es lässt einem doch Zeit, die Gedanken wieder zu ordnen, um sie erneut zielgerichtet einsetzen zu können. Zudem dienen diese «kleinen Gespräche» als Fundament für das «eigentliche» Gespräch, das vermutlich erst Wochen später stattfinden wird.

Nur wer auf einem soliden Sockel steht, kann ohne Wackeln in die höheren Regionen aufsteigen. Hier geht es um mehr, als mit einem Fremden ein paar Minuten oder auch wenige nette Stunden des Plauderns zu verbringen. Zwar kann es förderlich - aber eben auch hinderlich für Ihre Karriere sein, wenn Sie zu schnell, zu viel, zu persönlich, zu negativ vorgehen. Und wenn es Ihnen dann gar die Sprache verschlägt, haben Sie womöglich eine wichtige Chance versäumt. Wer viel weiß, hat viele Ausweichmöglichkeiten.

Fettnäpfe und Tabus

Unpassend sind ideologische Vorträge und Missionarisches in jeder Hinsicht. Gemeint ist auch alles Sendungsbewusstsein und die damit verbundene Intoleranz. Darunter möchte ich Parteipolitik genauso wie Gefolgschaft irgendeiner Wellness-Lehre oder auch Zugehörigkeit zu einem Fußball-Fanclub und Ähnlichem, das Ihr Herzblut fordert, zählen. Lassen Sie mich das anhand von ein paar Beispielen erläutern.

Wer vegetarisch lebt, muss selbstredend am kalten Büfett bei der Weihnachtsfeier nicht zum Schinken greifen, nur weil alle anderen Fleisch- und Wurstwaren essen. Die Vegetarierin greift einfach still zum Käse und macht kein Aufhebens davon. Wenn die Rede auf Essgewohnheiten kommt, kann sie gerne erzählen, dass sie vegetarisch lebt und es genießt, dass sie längst bei allen Festen und Feierlichkeiten eine herrliche Auswahl an fleischlosen Gerichten vorfindet. Doch darf sie niemals die anderen bekehren oder ihnen auch nur ein schlechtes Gewissen einreden wollen. So wie sie mit ihrer Anschauung, ihren Vorlieben und ihrem Geschmack akzeptiert werden möchte, so möchte es auch ihr Fleisch und Fisch essender Platznachbar!

Nehmen wir als weiteres Beispiel die eigene Meinung über politische Parteien oder die eigene Parteimitgliedschaft und das eigene Wahlverhalten. Da herrscht nun wirklich die Gefahr, dass die Small Talk-Phase auf niederstes Niveau absackt. Da sind dann Stammtisch-Sprüche nicht mehr fern. Wer da die «falschen», das heißt die der gegnerischen Partei auftischt, kann ganz schön neben den Stühlen sitzen, wenn es später um fachliche Beiträge geht.

Privatleben breittreten: Nein!

Nehmen wir einmal an, dass Ihre Firma das erste Mal einen Betriebsausflug für alle Abteilungen organisiert hat. Sie freuen sich darauf, die Menschen, mit denen Sie sonst nur mailen oder telefonieren, persönlich zu erleben.

Im Bus neben Ihnen sitzt Frau Becker. Sie kennen sie nicht, erinnern sich kaum, dass Sie mal mit ihr telefoniert haben. Nach ein paar freundlichen Worten, wie: «Das ist aber mal eine gute Idee der Firmenleitung» und «Wir haben ja richtig Glück mit dem Wetter» beginnt Frau Becker mit ihrer Lebensgeschichte. Von der Stunde null über die Geburt ihrer drei Kinder, dem totalen Stress mit der Familie, weil der Ehemann einfach nicht dazu zu bewegen ist, daheim mit anzupacken, über ihre letzte Operation – schrecklich, werden Sie jetzt denken. Eine ganz wichtige Small Talk-Regel bei der ersten Begegnung lautet:

> Private Dinge sind höchstens am Rande und nur, wenn sie fröhlich sind, erlaubt.

Bitte ersparen Sie sich und anderen ausführliche Leidensgeschichten über Krankheiten und Beziehungen. Was aber sicher gut ankommt, sind nette Begebenheiten am Rande des Alltags, die Sie erlebt haben und die Sie witzig erzählen können – wenn Sie witzig erzählen können.

Da ist das kleine Abenteuer aus Ihrem letzten Urlaub, als Sie in den falschen Bus gestiegen sind. Oder die lustige Verwechslungsstory, als Sie Ihre neue Nachbarin für eine Kollegin Ihrer Frau gehalten haben.

Unangenehm ist zu viel Privates auch als Rechtfertigung für Pannen oder als ausschweifende Erklärung, warum man nicht pünktlich da sein konnte. Oder finden Sie, das macht einen guten Eindruck, wenn Ihr Kollege aus der anderen Niederlassung, den Sie noch nie gesehen haben, abgehetzt ankommt und sich lauthals beklagt, dass er die Projektunterlagen zu Hause nicht habe durchschauen können, weil seine Frau auch berufstätig sei und somit er als armer, armer Mann immer und ewig im Haushalt helfen müsse und daher nie die nötige Ruhe für die Vorbereitung habe, und so weiter und so fort? Wenn man schon unvorbereitet zum Meeting kommt, ist es sicher besser, zu sagen, dass man sich im Zeitaufwand verschätzt hat und eben die Unterlagen bis heute nur überflogen habe, aber dass man bis zum Termin X das Versäumte nachgeholt haben werde.

Oder finden Sie es angebracht, wenn Frau Mayer Sie hat warten lassen und dann ausführlich erzählt, dass es heute Morgen Knatsch bei ihr daheim gegeben habe und sie sich erst nochmals schminken musste, weil die Tränen geflossen seien? Da ist es besser, eine kleine Notlüge zu erfinden beziehungsweise etwas vorher Erlebtes zu berichten, das aber nur ein kleiner Zeitfresser im Vergleich zum wahren Grund war. Etwa so: «Heute Morgen ist die Ampelanlage ausgefallen, und der Polizist, der den Verkehr regelte, hatte einen ‹ungerechten Blick›. Jedenfalls habe ich ewig warten müssen, bis er meine Seite durchwinkte.»

Kleinen Plaudereien über den letzten oder den geplanten Urlaub, über eine Wochenendaktivität wie ein Musicalbesuch oder eine Wanderung steht nichts im Wege. Das zeigt etwas von Ihrer Persönlichkeit über den beruflichen Tellerrand hinaus, ohne jedoch die Grenze zum Intimen zu überschreiten. Hier heißt es vielmehr, sein Licht nicht unter den Scheffel zu stellen, aber noch weniger darf geprahlt werden.

Um das richtige Maß zu finden, hilft Ihnen vor dem Ausplaudern Ihrer Geschichten und Geschichtchen sicher ein kleiner Test: Fragen Sie sich, ob Sie diese Geschichte von eben der Dame gerne hören möchten, die zufällig neben Ihnen im Gemüseladen stand, als Sie letzthin Ihren Wocheneinkauf machten. Wenn ja, dann können Sie's gern der fremden Person neben sich erzählen. Wenn nein, dann hören Sie erst noch ein bisschen zu und halten sich bei den eigenen Reden an das, was Ihnen der Ort und der Anlass als Thema so zu bieten hat.

Komplimente, Lob und Anerkennung

Wer anderen ein Kompliment macht, tut genau genommen seinen Geschmack über einen anderen kund, wobei er unterstellt, dass er den Geschmack dessen, dem er ein Kompliment macht, zu hundert Prozent trifft.

Normalerweise nehmen wir an, dass jemand, der einen bestimmten Fingerring trägt, der sich nach einer bestimmten Art und Weise kleidet, das aus innerer Überzeugung tut und sich auch daran freut. In vielen Fällen liegen wir mit dieser Interpretation auch richtig. Dennoch möchte ich abraten, gleich mit einem Kompliment zu beginnen. Auch hier gilt natürlich: Sobald die Gesprächsbrücke tragfähig genug ist, dass wir abschätzen können, einen möglichen Fehler oder eine negative Konsequenz auffangen zu können, sind Komplimente natürlich etwas Herrliches. Und bitte, liebe Leserinnen, keine Einbahnstraßen mehr: Auch Männer freuen sich über ein Lob und über Anerkennung.

Lassen Sie mich drei völlig verschiedene Beispiele vorstellen, teils erlebt, teils frei erfunden.

Margit Berger, eine Frau mittleren Alters, erzählt beim Kaffeeklatsch mit ihren Freundinnen, dass sie es schön findet, wenn sich Fremde Zeit lassen, ehe sie Komplimente verteilen. Um ihre These zu veranschaulichen, erzählt sie von den teilweise quälenden gesellschaftlichen Verpflichtungen, die sowohl der Beruf ihres Mannes als auch ihr eigener mit sich bringen. Ihr Mann ist in einer berufsständischen Organisation, und der fällt es alle paar Jahre ein, einen großen Ball zu organisieren. Beide, Margit und ihr Mann Heinz, sind keine großen Tänzer, und Bälle liegen ihnen ganz und gar nicht. Doch zu diesen speziellen muss «man» eben hin.

Margit Berger hatte als junges Mädchen ein sündhaft teures Ballkleid für den Abschlussball ihrer Tanzstunde von den Eltern bekommen, klassische Eleganz, so dass sie es tatsächlich noch heute tragen kann. Aber sie hatte es schon beim Abschlussball nicht gemocht, und jetzt im Erwachsenenalter mag sie es noch immer nicht. Dieses Kleid nun trägt sie – unterschiedlich aufgepeppt – bei den ungeliebten Bällen. Margit erzählt ihren Freundinnen, dass in ihr ein ganzes Gewirr von Gedanken abläuft, wenn sie von jemandem ein Kompliment für dieses Kleid bekommt. Positiv sinniert sie: «Sieht der, dass ich die Figur gehalten habe?», negativ fragt sie sich: «Sieht denn der wirklich nicht, dass das Kleid schon 20 Jahre auf dem Buckel hat?», oder sie sagt sich: «Die muss aber einen Geschmack haben, wenn ihr ein solcher Fummel gefällt, mir ist das jedenfalls alles viel zu blöd.» Als Margit diese Geschichte vorträgt, ist ihrem Kaffeekränzchen klar geworden, dass ein vorsichtiger Einsatz von Komplimenten sehr klug sein kann.

Oder ein zweiter Fall. Da sitzt ein junges Mädchen im Fast-Food-Restaurant einem jungen Mann gegenüber. Sie ist noch keine 20 Jahre alt, trägt Klamotten ihrem Alter entsprechend, doch an ihrem Ringfinger steckt ein auffallender Siegelring. Der junge Mann sagt: «Der Ring ist aber cool!» Das Mädel steht auf und zischt eine unflätige Bemerkung. Dem Jungen bleibt die Spucke weg, denn das war ehrlich gemeint, und im Ton vergriffen hatte er sich auch nicht. Was er nicht weiß, ist, dass es sich bei dem Ring um ein Familienerbstück handelt, das das Mädchen nur zu gern für immer weglegen würde. Seit sie 16 ist, trägt sie den Ring widerwillig, und so lange schon versucht sie, gegen das elterliche Gebot anzurennen – ohne Erfolg. Das Kompliment des jungen Mannes hielt ihr also einen Spiegel vor nach dem Motto: «Du bist ein Versager!»

Stellen Sie sich vor, Sie hatten so viel zu tun, dass Sie nicht mal Zeit gehabt haben, Ihre Kleider zu waschen oder in die Reinigung zu bringen. Nun steht ein ganz wichtiger Termin an. Sie schauen in Ihren Kleiderschrank und finden nur noch einen sauberen Anzug respektive ein sauberes Kleid vor – ein Kleidungsstück, das Sie aber überhaupt nicht mögen. Jetzt haben Sie die Wahl: Entweder das saubere, aber ungeliebte Kleidungsstück anzuziehen oder etwas weniger Sauberes aus dem Korb zu fischen, in dem sich die schmutzige Wäsche befindet. Natürlich entscheiden Sie sich für das Frische, das Saubere.

Sie ziehen es an, schauen in den Spiegel und finden sich abscheulich. Sie motivieren sich und sagen sich nochmals, frisch zu riechen, ist wichtiger als ein schönes Kleid, als eine Hose, die Ihnen gefällt. Schließlich haben Sie das, was Sie gerade tragen, mal gekauft, weil es Ihnen gefallen hat – wenn auch nur für kurze Zeit.

Nun gehen Sie los. Sie konzentrieren sich auf das Gespräch, und dabei vergessen Sie fast, was Sie da anhaben. Dann kommen Sie zu Ihrem wichtigen Gesprächspartner. Das Erste, das dieser freundliche Mensch tut, ist Ihnen ein Kompliment machen wegen des Anzuges, wegen des Kleides. Nun, wie fühlen Sie sich jetzt? Wie wird sich dieses Kompliment auf Ihr wichtiges Gespräch auswirken? So viel also zum Thema geliebtes, gehasstes Kompliment!

Ganz unabhängig von solchen möglichen Fettnäpfchen beim vorschnellen Kompliment gibt es aber noch etwas, was das Lob in der ersten Gesprächsphase eher ungünstig erscheinen lässt.

Nicht alle können ein Kompliment leichthin annehmen. Viele machen die guten und erkennenden Worte zunächst einmal schlecht: So wird ein Lob für das hübsche Kleid schnell gekontert, dass es doch nur ein Schnäppchen gewesen sei, oder ein Kompliment für eine Leistung wird gern geschmälert nach dem Motto: «Aber das ist doch nichts Besonders, das kann doch jeder!»

Woher kommt das, dass wir Komplimente nach außen hin nicht genießen können, obwohl wir uns im Innern doch darüber freuen, ja sie uns sogar wünschen? Häufig stecken Ermahnungen dahinter, die Eltern ihren Kindern einbläuen, damit sie nicht so vorwitzig sind, damit sie nicht die Anerkennung für ihre Leistung einfordern. Das sind solche Sprüche wie: «Sei bescheiden! Putz dich nicht so heraus!»

Und ehe wir es uns versehen, werden solche Ermahnungen zu Glaubenssätzen, die unser Verhalten völlig fremden Menschen gegenüber genauso steuern wie Bekannten und Freunden gegenüber.

Loben beruflicher Leistung

Im Beruf die gute Leistung zu loben, ist auch ein Kompliment – und das ist eines, das Sie nicht oft genug aussprechen können, sofern es sich um verdiente Anerkennung und nicht um Honig-ums-Maul-Schmieren handelt. Aber auch hier besteht die Gefahr, dass Ihr Gesprächspartner, Ihre Gesprächspartnerin das Lob für die gute Leistung aus falscher Bescheidenheit abschmettert. Wenn Sie den Erfolg, die Fähigkeiten, die Präsentation Ihres Gegenübers loben, kann es Ihnen leicht passieren, dass Sie statt eines freundlichen «Dankeschön» zu hören bekommen: «Das war ein Glücksfall» oder: «Das war Zufall, dass ich es geschafft habe» oder «Jeder andere hätte das auch gekonnt».

Lassen Sie sich nicht entmutigen, machen Sie in solch einem Fall weiterhin Komplimente und geben Sie weiterhin Anerkennung – aber warten Sie den richtigen Zeitpunkt ab. Nicht gleich mit der Tür ins Haus fallen, erst ein bisschen über dies und ein bisschen über jenes reden, sozusagen die persönliche Phase vorbereiten, in der eine persönliche Bemerkung angebracht ist und Sie diese auch tun dürften.

Andererseits, wenn Ihnen ein Kompliment gemacht wird, wenn Sie von Ihrer Kollegin die schon so lange gewünschte Anerkennung bekommen, wenn Sie ein Kunde öffentlich lobt, weil Sie so verlässlich sind, dann bedanken Sie sich einfach und zeigen ruhig Ihre Freude darüber. Bescheidenheit ist schon schön, aber sie ist nicht immer nützlich.

Selbstredend ist auch ein protziges Auftreten nach dem Motto «Jeder ist seines Glückes Schmied» oder «Das war klar, dass nur ich das schaffe» oder «Wer was leistet, verdient auch gut und kann sich eben auch wirklich chic einkleiden» fehl am Platz. Genießen Sie stattdessen einfach das gute Gefühl, beachtet zu werden, mit einem gesunden Maß an Selbstvertrauen und Selbstbewusstsein.

Ihr Weg heißt eine verdiente Anerkennung genießen, dann aber auch wieder zur Tagesordnung finden. Lobt Sie jemand, weil Sie eine Aufgabe besonders gut gemacht haben, dann heißt das einfach «Danke, die Arbeit hat auch richtig Spaß gemacht» oder «Ich habe schon ein bisschen dafür geackert. Jetzt ist es umso schöner, wenn meine Leistung auch anerkannt wird. Danke.» Oder: «Danke. Ich fühle mich in diesem Kleid auch richtig wohl.»

Nicht mit Schwächen kokettieren

Schwächen machen uns liebenswert. Schwächen zuzugeben, macht uns stark. Doch eine Schwäche zuzugeben, ist nur dann nötig, wenn wir auf sie angesprochen werden.

Im Small Talk ist es weder für den Gesprächspartner noch für Sie selbst besonders schön, Schwächen auszubreiten – in der Hoffnung, der andere werde sie mildern oder bestreiten. Leicht artet dieses Verhalten in ein «fishing for compliments» aus. Wer beispielsweise sagt: «Ach, das Kostüm sieht an mir einfach nicht so ‹top› aus wie an Frau Maier», fischt doch nur nach einem Kompliment im Tenor: «Aber nein, es sieht prima aus!» Lassen Sie das Erbitten von Lob und Anerkennung durch die Hintertür bleiben und freuen Sie sich dafür umso mehr über ein Kompliment, das Sie aus freien Stücken geschenkt bekommen!

Wer ohne Grund zu klagen anfängt, dass man dies oder das nicht könne, wirkt schnell als wenig kompetent. Beispielsweise treffen Sie auf einen Kollegen, der wie Sie zu dieser Vortragsveranstaltung in die Firma kam, aber normalerweise nicht im Haus ist, den Sie nur per Telefon kennen und für den Sie schon das eine oder das andere erledigt haben. Sie plaudern in der Pause ein wenig miteinander. Er hat sich Ihnen vorgestellt und Ihnen erzählt, dass Außendienst für ihn eine Berufung ist, dass er richtig auflebt, je mehr Touren er hat. Sie hingegen arbeiten im Innendienst, das heißt, Auto fahren und Adressen finden gehört überhaupt nicht zu Ihrem Job. Dennoch sagen Sie: «Also, Auto fahren ist nicht mein Ding. Bei dem Verkehr fühle ich völlig überfordert. Und dann erst die Parkplatzsuche. Ich kann doch nicht rückwärts einparken, die Lücken fürs Vorwärtseinparken sind schon sehr selten.»

Die Folge ist, dass Sie sich schlechter machen, als Sie sind, denn das ist für Ihre berufliche Kompetenz völlig ohne Belang. Diesen Kollegen, der gerade vor Ihnen steht, werden Sie wohl kaum aufsuchen. Doch er braucht Ihr telefonisches Geschick, wenn Sie für ihn etwas aushandeln sollen – und genau das können Sie prima. Sie haben sich aber so negativ dargestellt, dass ihm automatisch Zweifel kommen, ob Sie in den Dingen, die Ihr Job sind, überhaupt Ihr Geld wert sind.

Es wäre hier so einfach, zu sagen: «Das stelle ich mir schon auch interessant vor. So ständig unterwegs. Mein Arbeitsablauf sieht ja etwas anders aus. Ich erlebe die große weite Welt am Telefon. Das ist auch spannend. Und oftmals ganz hilfreich für die, die draußen sind.»

Unterschiede beim Small Talk bei privaten und beruflichen Anlässen

Ob im Beruf oder bei alltäglichen Small-Talk-Situationen – immer steht im Vordergrund, ein fremdes Gegenüber in ein Gespräch zu verwickeln. So ist stets der vorbereitende Blickkontakt angebracht, und Rapport ist immer wichtig, damit der gute Draht stabilisiert wird. Offene Fragen öffnen Ihre Gesprächspartner und geschlossene schließen sie. Auch das gilt für alle Situationen. Sie starten mit einer W-Frage (siehe Seite 109), die sich auf das Umfeld, auf den Ort bezieht, doch macht es sich gut, wenn Sie Ihrer Frage eine kleine Aussage voranstellen.

Dennoch gibt es zwischen den rein privaten Small-Talk-Gelegenheiten und denen im beruflichen Umfeld mehr oder weniger gewichtige Unterschiede, und zwar in der Ausführung und im Nutzen. So ist im Beruf die Fähigkeit zum Small Talk ein ernst zu nehmender Weg, Geschäftserfolge und die eigene Karriere vorzubereiten, und kommt einer Schlüsselqualifikation im Bereich der sozialen Kompetenz gleich. Die Beherrschung der Konversation wird vorausgesetzt, und zwar für alle, die in ihrem Job etwas erreichen möchten.

Die Kontakte, die hier geknüpft werden, sollen Sie im Beruf weiterbringen. Deshalb müssen Sie im Unterschied zum Geplauder an der Haltestelle dafür sorgen, dass Sie für den Gesprächspartner leicht in Ihrer Firma wiederzufinden sind, und sich vorstellen: mit Ihrem Namen und Ihrer Funktion, die Sie dazu befähigt hat, an diesem Ort zu sein, an dieser Veranstaltung teilzunehmen.

Das Ablaufschema lautet: ein freundlicher Gruß, Vor- und Zuname und dann die Funktion in der Firma.

Lassen Sie mich das eben Geschriebene umsetzen, und machen wir ein Beispiel. Ihre neue Gesprächspartnerin stellt sich vor mit: «Guten Abend. Mein Name ist Annegret Wagner-Schneider, ich bin stellvertretende Abteilungsleiterin der Entwicklungsabteilung des Softwarehauses Peter Herberger und Partner. Ich bin heute das erste Mal bei diesem Meeting der Kooperationspartner dabei.» Der Zuhörer muss in diesem Beispiel viel auf einmal aufnehmen. Womöglich zu viel. Gleichzeitig muss er entscheiden, was wichtig ist und was er sich merken möchte.

Testen Sie einmal spaßeshalber, was bei einem Bekannten hängen bleibt, dem Sie diese Vorstellungskette mal eben vorlesen, vielleicht ein bisschen nuschelig und schnell. Die Merk-Ausbeute wird gering sein.

Es ist wichtig, sich so etwas vorzustellen, weil Ihr noch unbekanntes Gegenüber für einen beruflichen Kontakt von Bedeutung werden kann. Daher sollte die Vorstellung in Häppchen erfolgen, die der andere aufnehmen und verdauen kann.

«Annegret Wagner-Schneider, Softwarehaus Herberger. Guten Tag.» Wahrscheinlich antwortet der andere ebenfalls, indem er seinen Namen und das Unternehmen nennt. «Guten Tag. Bergmann, vom Autohaus Bergmann.» Sparen Sie sich Ihre Position und den Anlass Ihres Hierseins besser ein bisschen auf. Denn sicher kommen Sie ganz leicht im Laufe des Gesprächs darauf. Und erst dann ist der Gesprächspartner «reif» für diese Information, dann ist seine Aufmerksamkeit ganz anders darauf gerichtet, dann nimmt er sie bewusst auf und merkt sie sich auch bewusst – um sie später sinnvoll im Tagesgeschehen einzusetzen. Zu seinem und zu Ihrem Nutzen.

«Annegret Wagner-Schneider, Softwarehaus Herberger. Guten Tag.»

«Guten Tag. Heinz Bergmann, vom Autohaus Bergmann.»

«Ich bin heute das erste Mal bei diesem Meeting der Kooperationspartner dabei.»

«Oh, ich bin von Anfang an dabei. Was war's denn, was Sie nun zu uns führt?»

«Ich bin seit kurzem stellvertretende Abteilungsleiterin unserer Entwicklungsabteilung.»

«Sagten Sie nicht bei Herberger?»

«Ja, bei Peter Herberger und Partner.»

«Ach, das finde ich jetzt aber interessant. Vor zwei Tagen noch haben wir darüber nachgedacht, ob wir unsere EDV nicht mal auf Vordermann bringen sollten ...» und so weiter und so fort.

Den Vornamen nennen – ja oder nein?

Eine wichtige Frage beim Vorstellen lautet: Vorname nennen oder nicht? In Telefon- und Verkaufstrainings, in Ratgebern zur Gesprächsführung finden Sie sehr oft den Hinweis, Ihren Vornamen ebenfalls zu nennen. Der Vorname verlängert den Sermon, und ganz abgesehen davon, mag es dem einen oder der anderen zu intim erscheinen, wenn der Abteilungsleiter in spe seinen Vornamen dazu nennt und von einem selbst somit ebenfalls den Vornamen einfordert.

Ich komme aus dem Journalismus und bin jetzt als PR-Beraterin tätig. In Presseartikeln gehört die Nennung des Vornamens schlichtweg dazu. Gleich während der ersten Volontariatsstunden erfahren die Neulinge, dass der Vorname unverzichtbarer Bestandteil einer gut verfassten Nachricht ist. Erst Vor- und Zuname geben der Person ihre Identität, machen sie unverwechselbar. Zudem geben Sie dem Gehirn Ihres Gegenübers länger Zeit, die Worte als Name wahrzunehmen.

Dennoch: Es bleibt selbstverständlich jedem unbenommen, sich nur mit dem Nachnamen vorzustellen. Für den, der sich nur mit Nachname wohl und sicher fühlt, ist es gewiss sinnvoller, den Vornamen wegzulassen, als sich nun auf Teufel komm raus auf das Nennen des Vornamens zu trimmen und dabei an innerer Sicherheit einzubüßen.

Das «bekannte Gesicht»

Sicher haben Sie, wenn Sie bei einem gesellschaftlichen Anlass Ihres Unternehmens sind, auch schon häufig erlebt, dass Sie glauben, den einen, die andere vom Sehen zu kennen. Doch Sie erinnern sich weder an den Namen noch an die Funktion. Sie denken nur bei sich: «Das Gesicht kenne ich. Aber woher?»

Hingehen und sagen «Wir kennen uns doch von irgendwoher. Helfen Sie mir mal auf die Sprünge» ist sicher möglich, doch ob das immer gut gelungen ist, möchte ich bezweifeln. Denn sollte der andere sich gar nicht erinnern, stellen Sie ihn entweder bloß oder enttarnen sich als plumper Anmacher.

Ein eleganterer Weg ist: die Nähe suchen, Blickkontakt aufnehmen und sich ähnlich wie oben vorstellen mit Namen und Funktion, und schon sind Sie nicht nur im Gespräch, sondern Sie haben auch den Namen des anderen erfahren. Erst einmal wieder gehört, fällt Ihnen meist auch wieder die frühere Gelegenheit der Begegnung ein. Dann können Sie mühelos aufbauen und sagen: «Jetzt, da Sie Ihren Namen nennen, fällt es mir wieder ein: Wir waren doch gemeinsam bei der XY-Veranstaltung. Damals war zwar viel los, aber irgendwie sind Sie mir im Gedächtnis geblieben.»

Oder es fällt nicht gleich der Groschen, und Sie plaudern ein bisschen, ehe der entsprechende Schlüsselbegriff kommt. Dann können Sie sagen: «Wenn ich Ihnen so zuhöre, dann müssten wir bei derselben Veranstaltung der Firma Soundso gewesen sein. Das muss so vor etwa drei Jahren gewesen sein. Das Thema damals war ...» Und schon sind Sie «alte Bekannte».

Einstieg in Grüppchen

Es gibt aber nicht nur allein da stehende oder sitzende Personen in unserem Umfeld, wenn wir gerade Lust auf Small Talk haben. Oft sind wir umgeben von plaudernden Grüppchen und würden nur allzu gern auch da mitmischen. Auch das geht, manchmal ist es sogar einfacher, als auf eine Einzelperson zuzugehen.

Beim Straßenfest, in der Kinovorhalle, aber auch beim Betriebsfest, am kalten Büfett oder im großen Seminarraum stehen ein paar Leute zusammen und unterhalten sich angeregt. Wichtig: Sie befinden sich bei einer öffentlichen Veranstaltung oder bei einem geselligen Anlass, nicht bei einem Liebes-Ringelreihen einer Single-Party. Da wäre es natürlich nicht angebracht, mitmischen zu wollen.

Bei diesen gesellschaftlichen, offiziellen bis halboffiziellen Veranstaltungen stellen Sie sich dazu, noch in einiger Entfernung, aber schon in Hörweite. Sie stellen sich so, dass die anderen spüren, dass jemand «im Anmarsch» ist. Dann warten Sie ab, hören zu, zeigen auch, dass Sie zuhören, indem Sie zum Redner Blickkontakt aufnehmen und leicht mit dem Kopf nicken.

Nicken heißt aktives Zuhören zeigen und bedeutet nicht, dass Sie Zustimmung oder gar die gleiche Meinung signalisieren wollen. Denn nur, wenn Sie wissen, worum es geht, wissen Sie auch, ob es lohnt, in diese Gruppe einzusteigen. In der Haltung des interessierten Zuhörers warten Sie einen günstigen Moment ab und steigen dann ins Gespräch ein. Solche günstigen Momente sind, wenn das Thema zu Ende ist oder wenn das Thema einen externen Experten braucht.

Erstens:

Das Thema ist zu Ende. Es entsteht in der Runde eine kleine Pause, weil sich das durchgesprochene Thema tot gelaufen hat. Dieses Thema nochmals aufwärmen ist wenig nützlich. Besser ist es also, ein neues aufzugreifen. Jetzt haben Sie die Wahl: Entweder haben Sie einen Hinweis aus dem Gespräch vorher aufgeschnappt, der nicht weiter verfolgt wurde, von dem Sie aber anhand der einen oder der andern nonverbalen Reaktion der Teilnehmenden dieser Runde gespürt haben, dass es interessant sein könnte. Oder Sie wählen ein völlig anderes Thema, eines, das Ihnen der Anlass (oder auch der Ort, sofern es da etwas zu sehen und darüber zu sagen gibt) schenkt.

Beim ersten Weg können Sie ungefähr so einsteigen: «Ich habe Ihnen schon ein Weilchen interessiert zugehört. Sie haben gerade das Thema XY angeschnitten. Dazu fällt mir ein …»

Beim zweiten Weg starten Sie ganz ähnlich, bringen aber dann das neue Thema ein: «Ich habe Ihnen schon ein Weilchen interessiert zugehört. Sie haben sicher auch alle mit XY zu tun, sonst wären wir wohl nicht hier. Für mich … Was war für Sie bisher …»

Zweitens:

Die Runde braucht einen externen Experten. Die Gruppe diskutiert über ein Thema und findet keine Lösung. Zufällig ist es Ihr Fachgebiet (was keineswegs abwegig ist, schließlich sind Sie aufgrund Ihrer beruflichen Qualifikation auf einer Firmenveranstaltung!), oder Sie haben sich schon ausführlich damit befasst.

Sie steigen wieder ein wie gehabt: «Ich habe Ihnen schon ein Weilchen interessiert zugehört ...», und ergänzen dann folgendermaßen: «Sie diskutieren gerade über das Thema XY: Da habe ich einen bemerkenswerten Artikel dazu gelesen. Da heißt es ...»

Auch bei rein privaten Begebenheiten können Sie die gefragte Expertin sein, denn Sie sind ja aus persönlichem Interesse an diesem Ort, bei diesem Anlass, und zudem verfügen Sie über hohes Allgemeinwissen.

Eine weitere Variante ist natürlich auch, in das laufende Gespräch einzusteigen. Auf der sicheren Seite sind Sie dann, wenn Sie nonverbal die Erlaubnis bekommen haben, und zwar von einem möglichst starken Partner in der Runde, den Sie für sich gewinnen konnten. Am einfachsten können Sie in das laufende Gespräch einsteigen, indem Sie den «Gruppenführer» zum Experten machen. Sie fragen ihn um Rat, um seine Meinung, seinen Standpunkt. Wir fühlen uns doch immer gut, wenn unser Expertentum gewürdigt wird, oder nicht? So gewinnen Sie einen Verbündeten, und zwar gleich den Stärksten in der Runde. Der wird Ihnen gern antworten und Sie damit in die Gruppe einbeziehen. Schon sind Sie mit von der Gesprächspartie.

Den Gruppenführer können Sie während Ihrer Beobachtungsphase ganz leicht identifizieren. Von ihm gehen schließlich die meisten Aktivitäten und Impulse aus, er trägt inhaltlich das meiste bei, er hat die meisten Ideen, Anregungen – und die Gruppe schließt sich meist seinen Vorgaben an, was aber nicht heißt, dass sie mit ihm einer Meinung ist. Sie diskutiert die Themen, die er vorgibt, sie macht mit, wenn er eine Idee hat, muss aber keineswegs meinungs- und kritiklos hinterherlaufen.

In einer Gruppe, die zufällig zusammenkommt, übernimmt häufig der, der am meisten redet, die Führung. Doch ob er dann auch zum anerkannten Gruppenführer wird, entscheidet sich sehr bald, denn seine Aussagen werden überprüft. Sollte er auch die meiste Fachkompetenz und fundiertes Wissen haben, wird er zum funktionalen Führer, der der Gruppe die Anregungen gibt, der die Gruppe interessiert, so dass die einzelnen Gruppenmitglieder auch dabei bleiben und nicht zum nächsten Gesprächspartner abwandern.

Natürlich können sich auch zwei Gruppenmitglieder um diese Führungsrolle «streiten». Dann hat der funktionale Führer einen Opponenten bekommen. Das kann zur Folge haben, dass die Gruppe sich in zwei «Mitläufer-Lager» aufspaltet. Hier bietet es sich für den Neueinsteiger an, ausgleichend zu wirken und sich als «Vermittler» darzustellen. Er kann mithelfen, die verschiedenen Standpunkte zu analysieren und gegebenenfalls Gemeinsamkeiten herauszuarbeiten. Das ist sicher schwieriger als der Einstieg in eine Gruppe, die nur einen «Führer» hat, aber gelingt dieser emotionale Ausgleich, ist die Gruppe dankbar und freut sich umso mehr über das neue Gruppenmitglied.

Das Kommunikationsschema im Ganzen

Jetzt haben wir alle Punkte, Tipps und Hinweise gesammelt und erläutert. Mir scheint es nützlich, an dieser Stelle ein Resümee zu ziehen und das Schema zusammenzufassen:

1. Voraussetzungen

Wer lernen will, überall und mit allen leicht ins Gespräch zu kommen, sorgt weit im Vorfeld der Kontaktaufnahme für ein breites Wissen über alle möglichen aktuellen Themen und schärft seine Wahrnehmung. Im Vorfeld der Kontaktaufnahme lernen Sie, genau hinzuhören und Ihre Umgebung genau zu betrachten, denn der Ort und der Anlass schenken Ihnen das Einstiegsthema, so dass Sie Peinlichkeiten aus dem Weg gehen können.

2. Bezugspunkt Örtlichkeit

Sowohl Sie als auch die andere Person haben ein Interesse, ein Bedürfnis, ein Motiv an den Ort geführt, so dass beide nicht zufällig hier sind. Der Ort kann auch der Bezugspunkt für die Gesprächsanknüpfung werden. Welches spezielle Interesse oder Anliegen es bei der anderen Person war, liegt natürlich (noch) im Dunkeln und könnte sich erst während des Gesprächs offenbaren – und ist auch für die Kontaktaufnahme nicht wichtig.

So weit zur Vorarbeit und zur Einstimmung für den ersten Kontakt mit einer fremden Person.

3. Blickkontakt – Körperhaltung – Rapport

Gestartet wird nonverbal über ein Spiel der Augen: Blickkontakt suchen und Blickkontakt halten. Sie achten bewusst auf Ihre Körperhaltung und auf die Signale der Körpersprache des Gegenübers. Sie senden Körpersignale aus, die den Wunsch nach Kontaktaufnahme nonverbal mitteilen: offener Blick, offene Haltung und, ganz wichtig, das Beachten der Signale des Gegenübers, indem Sie diese spiegeln.

Sie nehmen beispielsweise die Haltung des Gegenübers an. Nun achten Sie darauf, ob das Gegenüber diese Signale erwidert, das heißt, ob es Ihre Signale spiegelt. Genauso achten Sie darauf, wie sich das Gegenüber verhält, wenn Sie seine Haltung spiegeln. Bleibt es in der Haltung oder wendet es sich ab? Ist der Gleichklang der Körpersignale gegeben, dann ist der Boden für die Worte gut bereitet.

4. Der erste Satz

Stellen Sie sich darauf ein, dass Sie die Initiative übernehmen und den ersten Satz sagen, die erste Frage stellen. Sonst warten Sie womöglich zu lange, bis der andere Sie anspricht. Vielleicht macht der andere den Mund gar nicht auf, und die Chance des Gesprächs ist für immer verpasst.

5. Alle W-Fragen außer «warum»

Sie haben sich eine Frage, beginnend mit einem Fragewort, eine so genannte W-Frage, zurechtgelegt, die das Umfeld, die den Ort betrifft. Sie erinnern sich daran, dass das Fragewort «warum» nicht so glücklich ist, und wählen ein anderes aus, von dem Sie sicher sind, dass Ihnen über die erwartete Antwort reichlich Informationen zufließen. Sie überlegen sich auch eine kleine Aussage, die aber keine Geschmacksäußerung und nichts allzu Persönliches von Ihrer Seite enthält, die nicht nörgelt und auch sonst nicht jammernd und negativ ist.

Sie konzentrieren sich in Ihrer Wahrnehmung ganz auf den Ort und auf die Person, die mit Ihnen diesen Ort teilt. Um nicht mit der Tür ins Haus zu fallen und um gleich zu signalisieren, dass Sie auf eine ausgewogene Gesprächsbilanz aus sind, stellen Sie der Frage diese Aussage voran, die etwas über Ihre Beobachtung enthält und so die Frage vorbereitet.

6. Zuhören ist Gesprächsansatz

Nun kommt von der fremden Person eine mehr oder weniger ausführliche Antwort. Sie beherrschen ja die Kunst des Zuhörens und merken so, ob Ihr Einstieg schon ein Treffer war, sprich ob der fremde Mensch Interesse an dem Thema hat. Sollte das nicht der Fall sein, merken Sie das jedoch auch und hören gleichzeitig Hinweise auf ein anderes Thema, einen anderen Gesprächsansatz aus seiner Antwort heraus und gehen selbstverständlich darauf ein, denn schließlich ist Ihr Allgemeinwissen gut bestückt.

7. Eine Kette von Aussagen

Ist die Antwort schon angenehm ausführlich, reicht es in der Regel, dass Sie nun mit einer Aussage Ihrerseits fortfahren und das Fragen erst mal einstellen. Ist die Antwort dürftig, wiederholen Sie den Ablauf des ersten Einstiegs. Allerdings haben Sie jetzt schon bedeutend mehr Information über den anderen als vor Ihrem ersten Satz, denn es liegt inzwischen, wenn auch eine karge, so doch eine Aussage vor.

Für Sie heißt das im Klartext: nochmals eine kleine Vorbemerkung und eine weitere offene Frage, die jedoch nun in die Richtung geht, die die Aussage vorgab. In der Regel kommt nun eine ausführlichere Antwort, und so können Sie jetzt, so lange das Gespräch fließt, ebenfalls Aussagen machen.

8. Pause und Rapport

Sollte das Gespräch ins Stocken geraten, so lassen Sie auch mal eine kleine Pause zu. Das ist völlig normal. Da können Sie den Rapport wieder herstellen, das heißt, Sie achten nochmals bewusst darauf, dass Sie die Haltung des anderen spiegeln. Das hat den netten Nebeneffekt, dass Ihnen die Pause nicht mehr peinlich vorkommt, denn Sie tun ja etwas, anstatt nur dem inneren Fragen-Drehwurm nachzulaufen: «Was sag ich jetzt bloß?»

Pausen wirken generell nur dann peinlich, wenn sie uns bewusst werden. Sitzen zwei enge Freunde zusammen, dann sind Pausen ein Zeichen von Vertrautheit. Bei Fremden, bei denen die Vertrautheit naturgemäß nicht da sein kann, empfinden wir eine solche Stille als für dieses Stadium des Kennenlernens als unpassend.

9. Neu starten

Kommt das Gespräch ins Stocken, sichern Sie den Rapport und überlegen sich eine neue W-Frage. Will sagen: Sie starten das Gespräch neu. Die kleine Aussage, die Sie auch jetzt sinnvollerweise wieder vorlegen, und die Frage können sich auf das Gespräch davor beziehen, was aber meist wenig sinnvoll ist, denn da waren Sie ja an eine Grenze gestoßen. Also starten Sie mit etwas Neuem, das als «Nebenschauplatz» vorher gefallen ist, den Sie aber nicht betreten haben. Oder Sie starten wirklich ganz neu und wählen erneut etwas aus der Umgebung, nehmen einen weiteren Hinweis des Ortes auf, an dem Sie sich beide befinden und wovon noch gar nicht gesprochen wurde.

Und jetzt haben Sie ein neues schönes Pingpongspiel. Sie sagen etwas, Ihr Gesprächspartner sagt etwas, das geht ein Weilchen, dann wird eine neue Information nötig, dann stellen Sie oder Ihr Gesprächspartner die Frage, um dieses Informationsdefizit aufzufüllen. Längst trägt die zwischenmenschliche Brücke Ihr Gespräch, und so ist es jetzt auch völlig unproblematisch, dem anderen ein Kompliment zu machen, Persönliches zu erzählen, ja, sogar mal kurz ein bisschen zu jammern – wobei die Betonung auf kurz liegt. Denn ein mehrstrophiges Klagelied hält wohl keine erste Begegnung aus, soll sie zu einer Fortsetzung und zum Beginn einer Bekanntschaft führen.

Vorbereiten heißt die Devise

Das eben geschilderte Schema machen Sie sich bitte immer wieder bewusst und spielen es in Gedanken durch. Das kann in der Weise erfolgen, dass Sie alte verpasste Chancen im Kopf überarbeiten oder dass Sie ganz real einer fremden Person gegenübersitzen, aber den Dialog nur im Kopf trainieren und Ihr Gegenüber noch nicht ansprechen.

Wenn ein Gespräch mit Ihrer Chefin, Ihrem wichtigsten Kunden ansteht, wenn Sie die Lieferbedingungen und Einkaufskonditionen neu verhandeln, wenn Sie in ein Bewerbungsgespräch gehen, kurzum: wenn es wichtig ist, beruflich voranzukommen, beruflich Erfolg zu haben, dann bereiten Sie sich ganz selbstverständlich sehr gut vor.

Warum also nicht auch, wenn es einen gesellschaftlichen Anlass gibt, wenn es sich um ein Treffen am Rande des beruflichen Parketts handelt oder wenn Sie allein eine lange Zugfahrt planen und die im netten Plauderton verbringen möchten? Sie überlegen sich, was Sie anziehen, und Sie überlegen sich, was Sie mitnehmen, ob und was Sie mitbringen. Aber an eventuelle Gesprächssituationen und was Sie möglicherweise sagen könnten, denken Sie in der Regel nicht.

Wie wäre es , wenn Sie solche Gelegenheiten für die Zufälle im

Leben und am Rande Ihres beruflichen Alltags in Zukunft ernst nähmen und sich auch darauf gut vorbereiten würden? Glauben Sie nicht, dass Sie sich dann wesentlich sicherer fühlen würden?

Versuchen Sie es zuerst einmal bei beruflichen Situationen, und bereiten Sie sich bei nächster Gelegenheit, bei der es «nur» um Small Talk geht, (fast) genauso gut vor wie auf wichtige berufliche Gespräche. Denn diese Begegnungen bringen Ihnen beruflich oft weit mehr als Ihre tollen Projekte. Hier können Sie ganz nebenbei eine gute Idee einbringen – sofern Sie das Feld bereitet, eine gute Beziehungsebene hergestellt haben oder eine Gesprächsbrücke gebaut haben, die tragfähig ist, um das Neue einzubringen.

Ebenso wie bei Anlässen im Beruf sollten Sie sich auch auf die alltäglichen Begegnungen vorbereiten. Beim Einkauf, im Kino, beim Bummel durch den Park – Sie kennen doch Ihre Orte, an denen Sie sich gewöhnlich aufhalten, zur Genüge. Denken Sie sich zur Vorbereitung auf den Small Talk im Privatbereich auch in einen fiktiven Plausch hinein, wie sie es tun, wenn Sie sich auf das Gespräch mit der Lehrerin Ihres Sohnes oder vor dem Autokauf vorbereiten.

Sie werden flügge

Irgendwann ist die Lernphase im Kopf vorbei, und Sie werden mit der realen Kontaktaufnahme starten. Doch gönnen Sie sich auch dann noch eine ausführliche Übungsphase und sprechen Sie möglichst viele Leute an, am besten nur jene, die Sie nicht interessieren und die in Ihrem Unternehmen nicht so wichtig sind für Sie und Ihr Ziel!

Damit das mulmige Gefühl schon gar keine Chance hat, sich einzunisten, machen Sie sich klar, dass Sie üben, dass Sie ein neues Verhalten bewusst erlernen. Und wie es eben beim Lernen so ist, darf man auch Fehler machen – nein, muss man sogar Fehler machen, damit das Arbeiten einen Sinn hat. Denn wenn Sie nicht erfahren, und zwar durch die anderen nicht erfahren, wann es an sich zu arbeiten lohnt, verzetteln Sie sich womöglich bei all den vielen unwichtigeren Ansätzen. Daher sind Fehler, die Ihnen bewusst gemacht wurden, ein wahres Geschenk, da sie einem die Richtung zeigen, in der die Mühe des Veränderns lohnt.

Jeder Ansprech-Durchgang wird im Nachhinein genau rekapituliert und analysiert. Denn nur wem die Ursachen bewusst sind, weshalb das Gesprächsergebnis noch nicht dem Gesprächsziel entspricht, kann sie beheben. Machen Sie sich eine Checkliste, etwa so:

- Was war mein Ziel?
- Wie weit bin ich demnach gekommen?
- So weit, wie ich wollte?

- Wenn nein: Wann hat es aus welchem Grund gehakt?
- Was mache ich das nächste Mal anders?
- Bin ich zufrieden mit dem (Zwischen-)Ergebnis?
- Wenn nein: Wie viel fehlt mir, um sagen zu können, ich bin zufrieden?

Dies mag Ihnen vielleicht übertrieben vorkommen, und Sie sind sicher, dass Sie einen solchen Check nicht brauchen. Das ist völlig in Ordnung. Es gibt sicher viele Leserinnen und Leser, denen es ausreicht, sich das Schema anzuschauen und loszulegen. Aber zur Verstärkung Ihres persönlichen Sicherheitsgefühls und damit Sie auf der sicheren Seite bleiben, empfehle ich Ihnen, sich zu Beginn trotzdem mit einer Checkliste zu behelfen.

Dann gibt es unter Ihnen eine Reihe von Leserinnen und Lesern, die sich das «Loslegen» nicht so schnell trauen. Für Sie möge diese stufenweise Annäherung behilflich sein:

- Üben erst im Kopf, da kann nun gar nichts schief gehen, außer dass sich ein ähnliches Gefühl der Unsicherheit einstellt wie im «wirklichen Leben».
- Sollte das geschehen, haben Sie dadurch zugleich die Kontrolle, wann Sie «reif sind» für den Praxistest: Sobald Sie in Gedanken jede beliebige Ansprech-Situation durchspielen können und sich dabei sicher und wohl fühlen, sind Sie so weit, ins nächste Übungsstadium einzutreten.
- Beim ersten Gesprächspartner, bei der ersten Gesprächspartnerin, die Sie nun real ansprechen, für die Sie sich aber nicht interessieren, wird sich erneut ein Gefühl der Unsicherheit einstellen. Aber dann kennen Sie das Gefühl ja schon, und was noch wichtiger ist: Sie wissen, dass es nach einer genügend langen und genügend intensiven Übungsphase verschwindet.

- So wird auch das Gefühl, das sich beim realen Gespräch unangenehm meldet, bei jedem neuen realen Gespräch weniger unangenehm sein – und nach zehn, zwanzig oder auch mehr Übungen ist es weg. Einfach weg!

Dann sind Sie bereit für die Situationen, in denen Sie auf Menschen treffen, die Ihnen – zumindest vom ersten Eindruck her – etwas bedeuten könnten. Doch der Umgang mit ihrem mulmigen Gefühl ist längst Routine geworden, so dass Ihnen nun das Gespräch, besser die Gespräche, weshalb Sie den ganzen Lernaufwand auf sich genommen haben, ganz leicht von der Hand, pardon: vom Munde, gehen.

Muster für die Praxis

Im Folgenden sollen mehrere Möglichkeiten einer spontanen Gesprächsführung durchgespielt werden. Sie sollen Ihnen eine Hilfe bei den Praxisvorbereitungen geben.

Beobachten wir eine Frau, die ein gutbürgerliches Speiselokal betritt. Sie isst ungern allein zu Mittag, aber keiner ihrer Kollegen hatte Lust mitzugehen. Und so hofft sie, im Lokal nette Gesellschaft zu finden. Nennen wir unsere Frau der arbeitenden Bevölkerung Marga Steinmann.

Marga Steinmann setzt sich zu einem Mann an den Tisch, den sie nicht kennt. Sie fragt selbstverständlich erst, ob der Platz noch frei ist. «Ja», bekommt sie zur Antwort, bedankt sich und setzt sich. Ihr Tischnachbar hat bereits eine Speisekarte vor sich liegen, in der er aber nicht (mehr oder noch nicht?) blättert.

Marga Steinmann wartet ein bisschen ab, lässt sich Zeit für das Umfeld, achtet zugleich auf die Person, mit der sie Kontakt aufnehmen wird. Ist sie abweisend? Wirft sie ihr schon mal einen neugierigen Blick zu? Wie ist ihre Haltung? Eher ihr zugewandt oder eher ablehnend? Frau Steinmann spürt, dass die Person einem Gespräch nicht abgeneigt ist.

Nahe ihrem Tisch steht ein Aquarium mit Zierfischen. Frau Steinmanns Tischnachbar schaut immer mal wieder hin, doch nicht «einfach so», weil es sonst keinen Blickfang gäbe, er wirkt vielmehr richtig interessiert.

Marga Steinmann startet: «Ich sehe, dass Sie immer wieder zum Aquarium hinüberschauen. Aquarien, in denen Fische schwimmen, die man nachher auf dem Teller hat, das kenne ich. Aber die dort. Das sind doch Zierfische? Oder was, glauben Sie, sind das für Fische?»

Er: «Das sind alles Zierfische, und ich finde es faszinierend, ihnen zuzuschauen. Irgendwie beruhigt das auch.»

Sie schaut zum Aquarium und sagt: «Ja, das sieht schon toll aus. Die schillern alle so. Auf mich wirkt das fröhlich.»

Sie wendet sich wieder ihrem Gegenüber zu: «Ich habe mich noch nie groß mit Zierfischen befasst.»

Variante A:

Er: «Ich habe auch keine Ahnung von Fischen oder sonstigen Haustieren. Mir gefällt die Idee da drüben nur so gut.»

Sie: «Es macht Spaß, da hinzuschauen. Aber trotzdem habe ich jetzt Hunger. War denn der Kellner schon da und hat die Speisekarte gebracht?»

Er: «Ja, ich habe schon bestellt, aber er hat gesehen, dass sich hier jemand hingesetzt hat. Er kommt schon.»

Sie liest in der Karte und sucht sich etwas aus. Dann gibt sie die Bestellung auf, wenn der Kellner das nächste Mal vorbeikommt. Sie nimmt das Gespräch wieder auf, benötigt aber nun einen neuen Einstieg, da sich das Aquarium als nicht ergiebig erwiesen hat.

Sie wartet, bis ihr Tischnachbar bedient wird, und startet erneut: «Guten Appetit! Das sieht ja lecker aus. Darf ich mal ein bisschen neugierig sein? Was ist das, was Sie bestellt haben?»

Er: «Danke. Das ist ein Meeresfrüchte-Salat, aber die machen ihn hier wirklich toll. Vor allem eben diese vielen frischen Kräuter, die es dazu gibt. Ich weiß allerdings gar nicht, was das alles ist. Schmeckt aber auf jeden Fall nach Urlaub und Südsee.»

Sie: «Jetzt krieg ich zum Hunger auch noch Fernweh, obwohl ich noch nie in der Südsee war. Ich habe Europa noch nie verlassen. Wenn ich das gerade richtig verstanden habe, dann sieht das bei Ihnen anders aus. Was haben Sie denn schon so von der Welt gesehen?»

Er: «Ich habe Europa schon oft verlassen. Ich war in den USA, in Australien, mehrmals jetzt schon in der Karibik – und immer war ich begeistert.»

Sie: «Australien. Mit dem Gedanken habe ich auch schon gespielt. Was hat Ihnen denn in Australien so am besten gefallen?»

Er: «Das war der Wechsel zwischen unendlicher Natur und tollen Städten ...» und so weiter und so fort.

Variante B:

Er: «Ja, Fische sind ein Wunschtraum von mir. Aber ich weiß genau, dass ich die viele Arbeit, die damit verbunden ist, bestimmt nicht auf die Reihe kriege.»

Sie: «Das verwundert mich aber. Was machen die denn für Arbeit?»

Er: «Das Aquarium muss regelmäßig gereinigt werden, man muss sich um das Futter kümmern, die ganze Anlage muss laufen und ‹top› gepflegt sein. Schließlich sind da Lebewesen drin, die eine bestimmte Umgebung brauchen. Und ich bin beruflich viel unterwegs.»

Sie: «Da haben Sie schon Recht. Tiere dürfen nicht vernachlässigt werden. Ganz abgesehen davon, wenn Sie viel unterwegs sind, dann haben ja auch Sie nichts von den Tieren. Ich kenne das. Ich hätte gern einen Hund gehabt, aber auch ich bin viel unterwegs, und ein Hund ist noch aufwändiger in der Pflege und Haltung als Fische. Ich habe mich auch gegen ein Tier entschieden. Mein Ausgleich zum Beruf ist Essengehen und lange Spaziergänge.»

Er: «Das ist interessant. Ich wandere in jeder freien Minute in den Bergen ...» und so weiter und so fort – das neue, positiv besetzte Thema, das beiden zusagt, ist geboren ...

Ein anderer Einstieg:

Die Frau startet: «Ich bin schon zum fünften Mal hier. Die Küche hatte jedes Mal eine Überraschung für mich parat. Haben Sie schon in die Speisekarte reingeschaut, was es heute Besonderes gibt?»

Variante A:

Er: «Ja, ich habe mich für den Salat mit Ente entschieden.»

Sie: «Salat mit Ente hört sich gut an. Bei dem Wetter ist Salat wohl am besten. Da schau ich mal, was mich anmacht.»

Er reicht ihr die Karte, und sie schaut rein.

Sie sagt nach einiger Zeit: «Jetzt habe ich mich entschieden. Ich denke, ich probiere auch mal den Salat mit Ente. Aber ich mag hier nicht nur die Küche, mir gefällt auch die ganze Atmosphäre.»

Er: «Ah, da kommt ja schon mein Salat. »

Sie: «Guten Appetit. Jetzt bin ich gespannt, wie er Ihnen schmeckt.»

Er probiert: «Wirklich gut!»

Sie: «Es gibt hier eine ganze Reihe wirklich schöner Lokale, in denen man gut isst und angenehm sitzt.»

Er: «Ich weiß, ich war erst letzte Woche bei einem Italiener. Der hat neu aufgemacht und ist gerade in der nächsten Querstraße.»

Sie: «Den kenne ich nicht. Ich gehe immer zu dem in der Heilmannstraße.»

Er: « ... den kenne ich auch, da mag ich besonders ...» und so weiter.

Neue Variante:

Sie startet wieder wie gehabt: «Ich bin schon das fünfte Mal hier. Die Küche hatte jedes Mal eine Überraschung für mich parat. Haben Sie schon in die Speisekarte hineingeschaut, was es heute Besonderes gibt?»

Variante B:

Er: «Nein, ich möchte eigentlich nur was trinken und ein bisschen entspannen.»

Sie: «Bei dem Wetter kriegt man ordentlich Durst» – und zieht sich zurück.

Das Wort «entspannen» verleitet unsere Marga Steinmann, erst mal wieder in den nonverbalen Kontakt zurückzugehen und dem Gesprächspartner die Möglichkeit zu überlassen, ob er fortfahren möchte oder ob für ihn «entspannen» mit schweigen gleichzusetzen ist.

Sie könnte ihn aber auch direkt drauf ansprechen: «Oh, dann könnte es sein, dass Sie lieber Ihre Ruhe haben möchten.» Dann sagt er entweder: «Ja mir wär's recht, wenn ich jetzt nur so hier sitzen könnte», oder er sagt: «Gegen eine nette Unterhaltung ist trotzdem nichts einzuwenden.»

Fortsetzung folgt …

Im beruflichen Umfeld ist es leicht, den Kontakt zu einem späteren Zeitpunkt fortzusetzen. Denn das gemeinsame Interesse am Kontakt ist unverfänglich und liegt nicht im privaten Wunsch.

Nicht so bei Begegnungen im privaten Bereich – oder drücken Sie der netten Dame an der Haltestelle mal eben Ihre Visitenkarte, möglichst mit Privatanschrift und privatem Telefonanschluss, in die Hand? Wenn Sie während des Gesprächs in einer alltäglichen Situation merken, dass diese Person so interessant ist, dass Sie sie gern wiedersehen möchten, dann heißt es, ganz bewusst jeden Hinweis aufnehmen und prüfen, ob er einen Anknüpfungspunkt für ein Wiedersehen birgt.

Natürlich müssen Sie in diesem Fall auch die Kurve kriegen, sich vorzustellen und eventuell Ihre Telefonnummern auszutauschen – es sei denn, Sie treffen sich zu einem bestimmten Termin, an einem festgelegten Ort zu einer vorbestimmten gemeinsamen Aktivität, und vertrauen blind darauf, dass weder Ihnen noch Ihrer neuen Bekanntschaft etwas dazwischenkommt.

Der sicher müheloseste Weg für eine nächste Begegnung ist, wenn sich im Gespräch ergibt, dass beide ein gemeinsames Hobby pflegen oder demnächst unabhängig voneinander geplant haben, in einen bestimmten Film zu gehen oder eine bestimmte Wanderroute zu marschieren. Dann fügt sich ein «Das könnten wir aber zusammen machen» nahtlos ins Gespräch ein. Vielleicht sollten Sie noch abklären, ob diese Aktivität mit einer anderen Person geplant ist, um sich dann, wenn es unpassend ist, zurückziehen zu können.

Aber auch das ist nicht das Ende. Sie können dann anbieten, etwas Gemeinsames zu planen, das in die gleiche Richtung geht. Gesetzt den Fall, Sie haben sich über Filme unterhalten. Ihre neue Bekannte möchte den Film, für den Sie sich beide interessieren, mit einer Freundin sehen. Dann können Sie fragen, wie es denn sonst so mit Filmen steht, die neu gezeigt werden. Schon sind Sie in einer neuen Diskussion und können daraus etwas Neues aufbauen und dieses Neue mit dem gewünschten Wiedersehen koppeln.

Aber auch wenn sich im Gespräch keine Gelegenheit zeigt, sofort eine gemeinsame Aktivität zu verabreden, können Sie nach einem gut und harmonisch verlaufenden Gespräch ihren positiven Eindruck durchaus verbal äußern und den Wunsch für weitere Gespräche formulieren: «Mir hat die Unterhaltung mit Ihnen viel Spaß gemacht. Ich würde mich gern mal wieder mit Ihnen auf einen Kaffee treffen und das Gespräch fortsetzen», und dann lassen sich leicht die Telefonnummern austauschen.

Aber ein wichtiger Hinweis für Herren: Bieten Sie einer Dame lieber Ihre Telefonnummer an, als dass Sie deren Nummer wünschen. Sehr viele Frauen haben – leider – bereits Zeiten des Telefonterrors erlebt oder davon über eine Freundin erfahren und zögern daher bei der ersten Begegnung oft, ihre Telefonnummer, auch ihre Adresse, herauszugeben. Aber sie zögern in der Regel nicht, wenn sie eine Telefonnummer von einem netten Gesprächspartner bekommen haben, den dann auch anzurufen.

Bei einer E-Mail-Adresse ist alles meist viel weniger problematisch. Aber auch damit hat schon manche üble Erfahrungen gemacht.

Anders herum: Wenn die Frau von sich aus Telefonnummer oder E-Mail-Adresse anbietet, dann ist natürlich alles in Ordnung, dann können Sie als Herr sie auch gern annehmen und nützen, sprich sich zum vereinbarten Termin, zur vereinbarten Abklärung, zur versprochenen Kontaktaufnahme melden.

Das zweite Treffen

Bei einem geplanten und konkret verabredeten Wiedersehen ist alles sehr viel leichter. Sie treffen sich zu einer Aktivität, von der Sie sicher wissen – und nicht nur ahnen wie bei der ersten Begegnung –, dass sie den anderen genauso interessiert wie Sie selbst. Sie können an das letzte Gespräch anknüpfen, Sie können nun auch problemlos Persönliches erzählen, nämlich das, was Ihnen seit Ihrer letzten Begegnung widerfahren ist, oder auch das, was Sie bei der letzten Begegnung vergessen haben zu sagen oder was bei der ersten Begegnung nicht «reif» war, ausgesprochen zu werden. Allerdings: Mit Jammern und der Preisgabe innigster Intimitäten sollten Sie auch jetzt noch zurückhaltend sein!

Haben Sie sich an einem bestimmten Ort verabredet, können Sie zielstrebig auf Ihre Gesprächspartnerin, Ihren Gesprächspartner zustreben, sich begrüßen und loslegen. Natürlich ist es auch hier sinnvoll, sich vorzubereiten. Dazu gehört, sich vorher nochmals die letzte Begegnung in Erinnerung zu rufen. Was haben Sie damals gesprochen? Auf welche Themen war die damals noch ganz fremde Person besonders eingegangen, welche hat sie selbst eingebracht?

Sie treffen sich aber jetzt auch zu einem bestimmten Anlass. Es schadet also nicht, sich im Vorfeld mit dem Anlass zu befassen. Ist es beispielsweise ein Konzert, dann lohnt es sich, die Vorankündigung in der Tagespresse genau zu lesen, eventuell sich schon die neuste CD anzuhören, sich ein bisschen in die Biografie der Musiker und Sänger einzulesen.

Wenn Sie essen gehen und sich dazu für ein bestimmtes Restaurant entschieden haben, so hatte es sicher Gründe, warum gerade dieses. Befassen Sie sich vorher ein bisschen mit der Küche, mit dem Haus, mit dem Hintergrund. Ist es eine Musikkneipe? Werden hier Bilder ausgestellt? Ist es ein Szenentreff?

Ja, es gehört auch beim «zweiten Mal» dazu, sich mit dem Ort zu beschäftigen. Wieder heißt es beobachten, hin- und zuhören, denn auch beim Wiedersehen sind Sie nicht vor der lästigen Gesprächspause gefeit. Dann hilft, wie gehabt, eine kleine Bemerkung zum Ort und die offene Frage, um erneut das Gespräch zu starten.

Selbst bei einem zufälligen Wiedersehen ist die Kontaktaufnahme viel leichter als bei der ersten Begegnung. Allerdings dürfen Sie hier nicht stillschweigend voraussetzen, dass sich die andere Person an Sie erinnert. Sie hat womöglich nur eine vage Erinnerung an Sie, denkt: «Das Gesicht kenne ich doch», aber wer Sie sind und woher sie Ihr Gesicht kennt, fällt ihr nicht gleich ein.

Da hilft nur eins: das gemeinsame Erlebnis in Erinnerung bringen. Sie begrüßen die Person kurz und sagen etwa: «Hallo, ich bin die Frau aus dem Zug, mit der Sie vor etwa zwei Monaten nach Berlin gefahren sind. Wir haben uns damals so toll über die Filme von Woody Allen unterhalten. Schön, dass ich Sie mal wiedersehe», und schon sind Sie im Gespräch drin.

Haben Sie bei dieser Begegnung Ihre Namen ausgetauscht, sprechen Sie selbstverständlich die andere Person mit ihrem Namen an und nennen dann auch ganz selbstverständlich Ihren. Dann wird aus dem Gesprächseinstieg von oben: «Hallo, Frau Bernhard. Ich bin Magda Gestmann. Wir sind vor etwa zwei Monaten im selben Zugabteil nach Berlin gefahren. Wir haben uns damals so toll über die Filme von Woody Allen unterhalten. Schön, dass ich Sie mal wiedersehe.»

Schluss mit der Schüchternheit

Dieses Kapitel ist für jene gedacht, die fleißig geübt und es dennoch nicht geschafft haben, den Kloß im Hals loszuwerden. Auf den folgenden Seiten behandle ich ein zusätzliches Angebot speziell zum Thema Schüchternheit. Denn Schüchternsein ist bei vielen Menschen Bestandteil ihres Problems, auf andere Menschen zuzugehen. Andere wiederum haben damit nicht so viele Schwierigkeiten, auch wenn sie Probleme mit Samll Talk haben. Daher folgt nun ein zusätzliches Handwerkszeug, sozusagen aus dem Notfallkoffer für diejenigen, die mehr als reine Gesprächstechnik brauchen.

Unabhängig davon gibt es Schüchternheit bei fast allen Menschen, wenn auch in sehr unterschiedlicher Ausprägung. Viele Menschen werden durch ihre Schüchternheit geradezu gebremst und gehen nicht auf fremde Menschen zu. Häufig haben sie auch Hemmungen, unter bestimmten Bedingungen mit Menschen Kontakt aufzunehmen, die sie kennen. Sie legen damit ein Verhalten an den Tag, das sie an sich zwar überhaupt nicht mögen, aber auch aus verschiedenen Gründen dennoch nicht abstellen können.

Wir wollen uns gesondert mit Schüchternheit beschäftigen, denn das stellt für Small Talk ein Verhalten dar, das sich bisweilen als sehr hinderlich entpuppt. Dieses Verhalten ruft sich «automatisch» aus dem Unbewussten ab und wir können es – wenn überhaupt – nur schwer steuern. Im Folgenden soll daher die Sichtweise auf Schüchternsein verändert und ein Weg aufgezeigt werden, «einmal anders» als mit Wucht und eisernem Willen damit umzugehen.

Rätsel Unbewusstes

Beschäftigen wir uns ein wenig mit dem Unbewussten. Alles, was uns im Moment nicht bewusst ist, ist demnach unbewusst.

Für diesen Vorgang gibt es das altbekannte Bild vom Eisberg. Der größte Teil des Eisberges ist unter Wasser; nur ein Bruchteil befindet sich über Wasser. Der Unterwasserteil entspricht unserem Unbewussten. Hier landet alles, was wir gelernt und genügend geübt haben. Es ist uns nicht bewusst, dass wir über diese Techniken, diese Fertigkeit, diese Fähigkeit verfügen. Wir machen das, was zu tun ist, ohne groß zu überlegen. Es gab zwar eine Zeit, da haben wir dafür gelernt, geübt und gearbeitet, aber das liegt lange zurück, und selbst diese Übungszeit ist uns nicht mehr bewusst.

Der Teil des Eisberges, der sich über der Wasseroberfläche befindet, ist im Verhältnis zum anderen Teil ziemlich klein. Dieser obere Teil steht für unser Bewusstsein. In diesem oberen «Zipfel» denken wir, üben wir, korrigieren wir, bis das Bewusstsein nicht mehr nötig ist, bis wir uns vertrauen können, dass das Neue gekonnt wird. Dann sinkt die neue Fertigkeit eine Etage tiefer und ist in den Unterwasserteil des Eisberges, ins Unbewusste, übergegangen.

Unsere Schüchternheit ist ein Bestandteil unseres Unbewussten. Dieses Verhalten des Den-Mund-nicht-Aufkriegens ist Ihnen heute lästig. Ich schreibe ganz bewusst «heute». Denn es gab eine Zeit, da war es Ihnen möglicherweise nützlich. Aus welchen Gründen auch immer. Sie haben eine Zeit lang bewusst oder unbewusst dieses Verhalten gepflegt, so dass es als ein erlerntes Muster ins Unbewusste sinken konnte und Sie seitdem von dort aus steuert. Inzwischen ist aber eine Menge Zeit vergangen, Sie haben eine Menge erlebt, haben sich verändert – nur das Verhalten hat die Veränderungen nicht mitgekriegt und steuert noch nach der alten Zeitrechnung.

Nachdem Ihnen diese Zusammenhänge bewusst geworden sind, werden Sie ein neues Verhalten entwickeln, ein Verhalten, das zu Ihrer neuen Zeit passt. Doch das Alte darf ruhig sein Gnadenbrot fristen – denn wer weiß, vielleicht gibt es irgendwann wieder einmal eine Situation, da sind Sie froh und dankbar, dass Sie auf dieses alte Verhalten zurückgreifen können!

Wie können wir uns den Unterschied zwischen bewusstem Verhalten und Wirkungsmacht des Unbewussten am einfachsten vorstellen?

Zwei Beispiele:

Bitte konzentrieren Sie sich einen Augenblick auf Ihre Sitzgelegenheit – und siehe da, plötzlich fühlen Sie das weiche Polster, die Berührung zwischen Untergrund und Ihren Oberschenkeln, was Sie zuvor nicht gespürt haben. Es war Ihnen nicht bewusst, weil Sie die Unterlage nicht spürten.

Oder wenn Sie eine Brille tragen, spüren Sie weder die Bügel noch das Gestell auf Ihrer Nase. Erst jetzt, wenn Sie diese Zeilen lesen, spüren Sie möglicherweise das Gewicht Ihrer Brille.

Das Unbewusste hat also einen großen Einfluss. Es verschluckt sozusagen das, was uns eine Weile bewusst war. Das Ziel, das es damit verfolgt, ist, das Bewusste zu entlasten, denn seine Kapazität ist begrenzt. Das Unbewusste hat auch eine große Macht, die wir immer dann nützen, wenn es darum geht, etwas zu erlernen. Denn sobald das Neue erlernt wird, nimmt sich das Unbewusste des neuen Könnens an – und «automatisiert» es. Das gilt für neues Stoffwissen genauso wie für ein neues Verhalten. Ist das Erlernte in Fleisch und Blut übergegangen, hat das Bewusste wieder Kapazitäten frei, um erneut Neues zu erlernen.

Die unbewussten Kräfte sind, wie das Beispiel mit der Brille zeigt, mächtiger als das Bewusstsein, und sie können natürlich noch viel mehr als nur eine Brille wegzaubern. Wie mächtig sie sind, merken Sie leicht daran, wenn Sie sich beispielsweise fest vorgenommen haben, auf Fremde zuzugehen – und wenn's dann so weit ist, halten Sie der Kloß im Hals, die Denkblockade, irgendein Vorwand davon ab.

Für Ihre praktische Arbeit heißt das, dass es sinnvoll ist, Ihre bewusste Verhaltensänderung mit dem Unbewussten abzustimmen. Ihre Schüchternheit hat in anderem Zusammenhang einen Sinn, aber Sie müssen sich jetzt möglicherweise damit beschäftigen, jene Schemata Ihres Unbewussten, die Ihre Schüchternheit «steuern», zu verändern.

Schüchtern ist schön!

Das, was Ihnen an Ihren schüchternen Phasen lästig ist, wissen Sie zur Genüge. Lassen Sie mich daher die «Sonnenseite» der Schüchternheit auch etwas ausleuchten. Ist es nicht wunderbar, dass es Menschen gibt, die nicht immer und überall einen «Auftritt» haben müssen, die dafür gut beobachten können, die zuhören oder die einfach still genießen können?

Schüchternheit ist ein Wesenszug, den wir uns in der Regel im Laufe des Lebens zulegen. Kleine Kinder gehen, wenn sie ihre Fremdelphase überwunden haben, meist forsch auf andere zu. Sie zeigen Eltern und Verwandten, aber auch Fremden, was sie geleistet haben, zeigen ihre gekritzelten Bilder, zeigen sich, wie hübsch sie angezogen sind, zeigen gern, was sie Neues gelernt haben – und wollen dafür gelobt werden.

Mit der Zeit lernen wir, dass nicht alles, was wir tun und was wir können, in den Augen der Umgebung auch benannt werden muss. Wir entwickeln ein Gefühl dafür, wann und wo eine Grenze zu ziehen ist zwischen Vorpreschen und Zuschnappen. Wir lernen darüber hinaus auch die Signale des Gegenübers deuten. Manchmal ermuntern sie uns, dass wir uns öffnen, manchmal setzen sie Stoppzeichen. Sie erinnern sich an das Kapitel über den «Korb» (Seite 54)?

Wer seine Schüchternheit als störend empfindet, könnte zum Beispiel lernen, sich besser auf die Signale der anderen einzustellen. Wann sind die wirklich abweisend, und wann bildet sich der beziehungsweise die Schüchterne das nur ein? Und so gilt es, zu lernen, nur dann zurückhaltend zu sein, wenn ein solches Verhalten am Platz ist.

Steht nun Kontaktaufnahme mit Fremden auf der persönlichen Tagesordnung, ist das nicht gleichbedeutend mit Schüchternheit abschalten, sondern ihr wird die Aufgabe eines Regulativs zuteil, nach dem Motto: Wie viel Forschheit ist bei dieser Person an diesem Ort richtig und wünschenswert?

Aber was tun mit den «Nebenwirkungen» schüchternen Verhaltens, wie Schweißausbrüchen, Stottern, Herzklopfen, rot werden? Es sind Nebenwirkungen, mehr nicht. Beobachten Sie zunächst einmal, was in Ihrem Körper wirklich geschieht, und hinterfragen Sie solche Sätze wie: «Immer, wenn viele fremde Menschen im Raum sind, werde ich nervös.» Aber Vorsicht: Vielleicht packen Sie da zu viel zusammen. Betrachten Sie bitte die Punkte einzeln und stellen sich der Reihe nach Fragen dazu, ohne sich in Fakten oder in Rechtfertigungen zu verlieren. Achten Sie einfach darauf, was sich gefühlsmäßig in Ihnen abspielt.

Die Aussage noch einmal:

Immer, wenn viele fremde Menschen im Raum sind, werde ich nervös.

Und jetzt die auflösenden Fragen:

- Wirklich immer? Oder gibt es Ausnahmen?
- Was heißt viele? Zehn, hundert, tausend?
- Woher wissen Sie, dass «viele fremde Menschen im Raum» gleichbedeutend ist mit «nervös werden»?
- Sind es wirklich die anderen Menschen, die Sie nervös machen, oder sind es nicht eher Sie selbst, der Sie nervös macht?
- Wie genau machen Sie das, dass Sie nervös werden?

Bitte beobachten Sie genau, wie das vor sich geht, wenn Sie nervös werden. Es sind wirklich nicht die anderen, die Ihnen nervöse Gefühle bereiten. Sie selbst – und nur Sie selbst – bereiten sich die Gefühle. Stellen Sie sich einmal vor, die anderen wären wirklich für Ihre Gefühle verantwortlich. Dann hätten Sie ja die Verantwortung für einen ganz wichtigen Teil Ihrer Persönlichkeit an andere, hier sogar noch an Fremde, abgegeben. Nein, Sie selbst sind verantwortlich für diese Gefühle – und das ist gut so!

Je besser Sie sich kennen, desto besser wissen Sie, wie diese Gefühle in Ihnen entstehen, welche äußeren Randbedingungen sie fördern und welche sie reduzieren. Damit wird es auch einfacher, sie als einen Teil von Ihnen zu akzeptieren. Diese Gefühle der Nervosität gehören zu Ihnen wie Ihr Lachen, wie Ihre Tränen, wie Ihre Vorfreude und Ihre Wut.

Gut beobachten hilft, den unangenehmen Gefühlen ihren Schrecken zu nehmen. Sie werden dann berechenbar. Sie wissen, wie es sich anfühlt, weil Sie darauf geachtet haben. Und schon sind die Situationen mit den Ihnen unangenehmen Gefühlen leichter zu ertragen. Manchmal verschwinden diese Gefühle aber auch ganz, weil Sie sie ja nicht so in den Mittelpunkt Ihres Interesses setzen wollen.

Schüchtern und der neue Rahmen

Setzen wir also die Schüchternheit in einen neuen Rahmen. Schüchternheit als Verhaltenstypus hat auch einen für uns sinnvollen Nutzen. Er ist in vielen Situationen angebracht und dann auch offensichtlich für die Person, die in eben dieser Situation schüchtern ist. Nur in den Situationen, in denen wir auf Fremde zugehen wollen, fremde Menschen locker ansprechen wollen, mag es auch einen Nutzen für diese Zurückhaltung geben, nur ist er selten gut erkennbar.

Immer wenn wir den Wunsch haben, auf Fremde zuzugehen, legen wir ein Verhalten an den Tag, das wir gar nicht mögen – wir sind schüchtern. Aber es kommt aus dem Unbewussten, ist übermächtig und stellt sich einfach in den Vordergrund. Es arbeitet mit Denkblockaden und anderen Stressphänomenen, nur damit es sich durchsetzt. Ist die gute Gelegenheit mal wieder verpasst, zieht es sich zurück, und stattdessen bleibt ein schales Gefühl des Versagens. Eigentlich hätte es doch so schön sein können, wenn ... Unsere Absicht, den Fremden anzusprechen, wurde durchkreuzt von unserem Verhalten. Wir vermischten – einmal mehr unbewusst – Absicht und Verhalten. Vom Kopf her ist uns klar, dass das ungeliebte Verhalten nicht gut für uns ist, aber unbewusst hat es einen Nutzen.

Das Ganze hat sozusagen private historische Gründe: Irgendwann haben wir dieses Verhalten angewandt, und es hat uns geschützt, belohnt, erfreut, eben etwas Positives ergeben. Im Unbewussten hat sich diese Methode festgesetzt und nun tritt sie bei allen möglichen Situationen zutage, um ihre gute Absicht konsequent und gezielt zu verfolgen. Nur hat sich inzwischen viel verändert, die Methode ist veraltet und lässt sich eben nicht auf jede Situation anwenden.

Damit Sie sich mit der dieser Denkweise «gute Absicht/schlechte Methode», die für uns noch eine große Bedeutung haben wird, etwas vertrauter machen können, zählen Sie bitte einfach einmal die Gründe auf und listen Sie die Vorteile auf, die Sie mit unserem Thema Small Talk verbinden.

Ein Beispiel:

Weshalb wollen Menschen andere Menschen kennen lernen?

1. «Dann lerne ich neue Dinge kennen.» ☐
2. «Dann habe ich jemanden, mit dem ich mich auseinander setzen kann.» ☐
3. «Dann kann ich eine Menge mehr unternehmen als jetzt.» ☐
4. «Das hilft mir, beruflich weiterzukommen.» ☐

Das sind ja alles wunderschöne Dinge. Aber können Sie sich vorstellen, dass es dazu auch eine Schattenseite gibt? Dass es etwas gibt, was Sie unbewusst hindert, dieses Schöne zu erreichen?

Zu 1: «Dann lerne ich neue Dinge kennen.»

Mögliche Einwände:

- «Vielleicht will ich mich ja gar nicht mit neuen Dingen auseinander setzen, vor allem nicht mit solchen, die man mir aufzuschwätzen versucht.»
- «Das erinnert mich fatal an meine Schulzeit. Da hatte ich einen Leh-

rer, der uns ständig darauf aufmerksam machte, wie wichtig es ist, sich für Politik zu interessieren. Mir war das so was von egal.»

Zu 2: «Dann habe ich jemanden, mit dem ich mich auseinander setzen kann.»

Mögliche Einwände:

- «Dann muss ich womöglich auch dann eine Auseinandersetzung führen, wenn ich lieber nichts denken würde. Ich wäre dann im Vergleich zu jetzt ständig oder zumindest häufig gefordert.»

Und die Ergänzung:

- «Oder ich muss lernen, mich abzugrenzen, nein zu sagen, ohne gleich Angst zu haben, den anderen damit zu verletzen.»
- «Ich meine immer, bei allen lieb Kind sein zu müssen. Da müsste ich gewaltig an dieser Einstellung arbeiten, um problemlos nein sagen zu können!»

Zu 3: «Dann kann ich eine Menge mehr unternehmen als jetzt.»

Mögliche Einwände:

- «Dann wäre ich gezwungen, etwas zu unternehmen, denn solche Kontakte wollen ja auch gepflegt werden.»
- «Dann muss ich aufpassen, mich nicht zu verzetteln. Dann muss ich Prioritäten setzen lernen.»

Zu 4: «Das hilft mir, beruflich weiterzukommen.»

Mögliche Einwände:

- «Dann müsste ich neue Themen konkret anpacken, gegebenenfalls auch eine Fortbildung machen oder mich neu bewerben, was womöglich mit einem Ortswechsel verbunden wäre.»

Wir erkennen daran, dass jeder positiven Ansicht mindestens eine

Gegenthese gegenübersteht. Allein diese Antworten könnten darauf hinweisen, dass bei Manchem so etwas wie eine innere Bremse angezogen ist, weil die neuen Kontakte nur vordergründig all das Schöne bringen. In Wahrheit ist aber der Aufwand, der mit ihnen zu betreiben wäre, der Verlust an jetziger Freiheit – jetzigem Handlungsspielraum, das Aufgeben von Gewohnheiten und verlässlicher Routine – so groß, dass viele Menschen es, wohl bemerkt unbewusst, vorziehen, lieber nichts zu unternehmen, als auf so viel Liebgewonnenes zu verzichten.

Und damit kommen wir auch wieder zu unserer Schüchternheit: Wir empfinden sie als störend, aber sie hat noch eine zweite Seite. Mit unserer nächsten Übung wollen wir dem Phänomen näher kommen.

Wer es nicht schafft, auf Fremde zuzugehen, obwohl er oder sie das so gerne möchte, hat ein Verhalten, das in eben diesen Situationen einfach «quer schlägt». Lassen Sie uns gemeinsam nachdenken, welche «gute Absicht» diese Schüchternheit denn wohl verfolgen könnte. Wenn diese «Absicht dahinter» nicht wahrgenommen wird, wenn sie keine Anerkennung bekommt, bleibt ihr nichts anderes übrig, als sich durch «schlechtes Benehmen» bemerkbar zu machen. Denn ihr ist es lieber, ausgeschimpft, als gar nicht wahrgenommen zu werden.

Und jetzt Ihre Übung:

Weshalb suchen Sie Kontakt?	Wie sieht die Schattenseite aus?
1. ____________________	____________________
2. ____________________	____________________
3. ____________________	____________________

4.	
5.	
6.	
7.	

Dieser tiefere Zweck, der hier noch als Schattenseite bezeichnet wird, weil er im Zusammenhang mit der Kontaktaufnahme als negativ empfunden wurde, verbirgt ja einen geheimen Nutzen. Bisher haben wir – ganz wie im «richtigen Leben» – Verhalten und Absicht als eins betrachtet. Daher besteht der erste Schritt darin, zu diesem «anderen» Denken zu gelangen, das ungeliebte Verhalten, hier beispielhaft die Schüchternheit, von der Absicht, die dahinter steht, zu trennen.

Die Absicht, die sich hinter dem ungeliebten Verhalten verbirgt, will für die Person das Beste. Also sprechen wir von einer «guten Absicht». Die Person, die Verhalten und Absicht in eins sieht, ärgert sich über ihr Verhalten, das nur eine schlechte Absicht verfolgen kann. In Wahrheit hat die «gute Absicht», die vergeblich auf eine Würdigung durch die Person gewartet hat, zu einem Trick gegriffen: Da nichts schlimmer ist, als überhaupt nicht wahrgenommen zu werden, hat sie sich das schlechte Verhalten einfallen lassen, um so auf sich aufmerksam zu machen.

Selbstredend ist es schwieriger, dieser «guten Absicht» auf die Spur zu kommen, als über sich zu schimpfen oder sich gar zu verurteilen. Doch der mühsame Weg lohnt. Denn wenn Sie Ihre «gute Absicht» finden und sie angemessen würdigen, wird Ihr negatives Verhalten, sprich die Ihnen lästige Schüchternheit, sich in Luft auflösen, weil sie überflüssig geworden ist.

Wie soll das vor sich gehen? Lassen Sie es mich an einem gedanklichen Beispiel erläutern: Stellen wir uns vor, wir hätten einen Bekannten namens Peter. Wir nennen ihn leicht spöttisch Peter den Großen, weil er ausgesprochen arrogant ist. Mir passt das nicht, und er und ich sind schon ein paar Mal aneinander geraten, aber auch sein sonstiges Umfeld findet sein Verhalten eher abstoßend. Er selbst würde ja auch gern weniger arrogant sein, aber er packt es einfach nicht.

Also stöbern wir ein bisschen in der Hausgebrauchspsychologie à la «Goldenes Blatt» und überlegen uns, was denn ein arroganter Mensch wie Peter der Große für ein Typ ist. Wir interpretieren fix, dass er unsicher ist und sich mit dieser Arroganz schützen will.

Die Anwort auf die Frage, was denn die «gute Absicht» sein könnte, die bei Peter brachliegt, ist – extra für dieses Übungsbeispiel – sehr leicht gewählt: Die ins Positive verwandelte Unsicherheit wird natürlich zu Sicherheit oder Schutz.

Ich stelle mir – im Schritt «von außen kommend» – die Frage: «Wie kann ich, seine durch eben diese Arroganz schon etwas verstörte Bekannte, diesem Peter das Gefühl der Sicherheit vermitteln?» Mein erster Gedanke ist: «Ich lobe ihn!» Sofort kommen mir Zweifel, denn das wird Peter nicht so recht glauben. Schließlich ist unser Verhältnis schon ein bisschen gespannt. Zu oft schon hat er spüren müssen, dass mir seine Arroganz auf die Nerven geht.

«Viel besser ist, wenn ich ihn um Rat frage», schießt es mir durch den Kopf. Genau das werde ich tun! Denn sobald er sich als Wissender anerkannt fühlt, wird er sich auch sicher fühlen. Die Erkenntnis der eigenen Sicherheit kommt in diesem Fall von innen. Würde ich ihn nur loben, käme das Lob von außen, dem er jedoch misstrauen würde, weil ich vorher schon zu oft genörgelt habe.

Ich suche also ein Gesprächsthema, in dem Peter sich «top» auskennt, und mache ihn zum Experten. Das von mir gewählte Expertenthema muss allerdings «echt» sein. Will sagen: Ich muss tatsächlich Peters Wissen zu diesem Thema schätzen und anerkennen. Sonst bin ich unglaubwürdig. Ich frage Peter also um Rat, erbitte seine kompetente Meinung – und sobald er sich sicher fühlt, verfliegt seine Arroganz. Jetzt sorge ich dafür, dass diese Gesprächsbrücke trägt, und dann können wir auch in andere Themen gleiten, ohne dass er wieder arrogant werden muss.

Sie, liebe Leserin, lieber Leser kennen sicher das Phänomen, dass ein Mensch mit einem anderen Menschen, mit dem niemand sonst auskommt, hervorragend zurechtkommt.

Nehmen wir zur Veranschaulichung eine fiktive Arbeitsgruppe, die aus einem Kollegen und drei Kolleginnen besteht. Sie alle machen Telefondienst, so dass die Kunden nicht bestimmten Teammitgliedern zugeordnet werden, sondern der, der den Hörer abnimmt, hat das Gespräch und regelt das, was anfällt.

Da gibt es den Kunden X, nennen wir ihn Franz Neubert von der Firma Bringinsglück GmbH. Drei stöhnen, wenn er am Apparat ist. Er ist umständlich, und wenn man ihn nicht gleich versteht, wird er pampig. Nur Yvonne Müller, die kann's mit ihm. Er ist zwar auch hier umständlich, aber sie gibt ihm das Gefühl, dass die Umständlichkeit seinen besonderen Wert ausmacht, dass sie seine Genauigkeit und Ausführlichkeit schätzt. Ganz wichtig für Yvonne Müllers «Erfolg» ist aber, dass sie für sich persönlich davon überzeugt ist, dass sie seine Genauigkeit schätzt. Sie kann glaubwürdig dieses positive Umdeuten von Umständlichkeit in Genauigkeit vor sich selbst vornehmen.

Die «gute Absicht», die hinter Franz Neuberts Pampigkeit steckt, könnte demnach seine Korrektheit sein. Da Yvonne Müller ihm dafür die gewünschte Anerkennung vermittelt, durch tatsächliches

Aussprechen oder auch nur dadurch, dass sie es ihn spüren lässt, dass sie Gründlichkeit liebt, wird seine «gute Absicht» so weit gewürdigt, dass er das negative Verhalten hier nicht nötig hat. So braucht er auch nicht so langwierig zu erklären. Sie versteht ihn auch so, davon ist er überzeugt.

Yvonne Müller muss nie etwas von der Theorie der «guten Absicht» gehört haben. Sie macht das intuitiv. Na, wie viele Yvonne Müllers kennen Sie? Ich bin sicher, eine ganze Reihe!

Kehren wir nun aber zurück zu Peter dem Großen. Wir haben ja bisher nur die Seite betrachtet, bei der, ähnlich wie im Fall Yvonne Müller, jemand von außen die «gute Absicht» entdeckt und zufrieden stellt. Was aber, wenn das keiner tut? Dann heißt es einmal mehr, autark zu werden, es selbst in die Hand zu nehmen. Gewiss ist es nicht leicht für Peter, selbst hinter das Prinzip zu schauen, hat er es doch jahrelang und mit großem Erfolg zugedeckt.

Auch Peter kann sich bewusst machen, dass hinter seiner Arroganz der Wunsch nach Sicherheit steckt und dass sein arrogantes Verhalten ihn lediglich schützen soll. Sofort erkennt er, dass sich Sicherheit zuzulegen, bedeuten würde, eine Menge an sich zu arbeiten. Er erkennt auch, dass arrogant sein viel weniger mühselig ist, als zu «echter» (Selbst-)Sicherheit zu gelangen. Schon ist er geneigt, lieber alles beim Alten zu lassen, als sich solchen Mühen zu unterziehen.

Aber gleichzeitig merkt er, dass sich in ihm ein Gefühl regt, das sich über diese Erkenntnis freut. So verschwendet er einen weiteren Gedanken darauf. Muss er denn wirklich alles sich erarbeiten, oder gibt es da in seinem Leben nicht Augenblicke, in denen er sich sehr wohl sicher fühlt?

Da fällt es ihm ein. Immer, wenn es in der Wohnung etwas zu reparieren gibt, weiß er sofort, was er zu tun hat. Er fühlt sich da absolut sicher. Peter beschließt nun, bei Menschen, die ihn verunsichern, sich gleichzeitig seine handwerklichen Fähigkeiten und sein damit verbundenes Sicherheitsgefühl bewusst zu machen. In seinem Innersten spürt er, dass das ein guter Weg ist. Aber er spürt auch, dass es Situationen geben wird, in denen es für ihn besser ist, weiterhin arrogant zu sein. Er ist erleichtert, weil er weiß, dass er ab sofort die freie Wahl hat, arrogant oder nicht arrogant zu sein!

Die Suche nach dem verschwundenen Teil

Wir haben sozusagen einen ganzen Reigen von Eigenschaften und von Werten, aber auch von Stimmungen in uns. Stellen wir uns vor, all das seien Teile von uns, denen wir eine Gestalt, eine Stimme, einen Duft zuordnen können. Einige dieser Teile sind uns bewusst. Die pflegen wir, würdigen wir, denen helfen wir, dass sie sich entwickeln können. Wir schulen sie auch. Andere aber sind uns nicht bewusst. Folglich vernachlässigen wir sie, ja, manchmal ahnen wir sie womöglich, leugnen sie aber hartnäckig. Trotzdem sind sie da und machen sich bemerkbar, indem sie uns ihre ganz speziellen Verhaltensweisen aufdrücken. Wie bei Peter die Arroganz.
Die nun folgende Übung ist ein wenig ungewöhnlich, ja geradezu gewöhnungsbedürftig, aber sie ist auch überaus spannend, denn sie geht ans «Eingemachte». Hier begegnen wir einem Teil von uns, den wir sträflich vernachlässigt haben. Auf unser Thema bezogen suchen wir den Teil, der als «gute Absicht» hinter dem Verhalten Schüchternheit steht. Um das zu schaffen, werden Sie eine Art Selbstgespräch mit sich führen.

Übung:

- Wie würden Sie reagieren, wenn Sie nun auf den Teil Ihres Wesen streffen würden, der dafür verantwortlich ist, dass es Ihnen die Sprache verschlägt, wenn Sie auf Fremde zugehen?
- Was würden Sie zu ihm sagen?
- Wie würden Sie ihn behandeln?
- Welcher Teil ist es?

Lassen Sie uns mit dem Gedanken weiter spielen, jener Wesensteil sei durch die direkte Ansprache adressierbar. Also sprechen Sie ihn direkt an, der Ihnen so oft schon einen Strich durch die Rechnung gemacht hat, als Sie mit jemand Fremdem in Kontakt treten wollten. Ganz verlässlich hat er Ihnen den Kloß in den Hals geschickt und die Worte versiegen lassen.

Nun betrachten Sie diesen Teil bitte mit anderen Augen und vergessen Sie alle Vorwürfe: Er verfügt über ein ausgesprochen gutes Durchsetzungsvermögen, denn er hat Sie schon so oft schüchtern werden lassen, obwohl Sie das überhaupt nicht wollten. Er ist zudem äußerst verlässlich, denn er ist stets zur Stelle, wenn Sie auf Fremde zugehen möchten, und er blockiert Sie zuverlässig. Er ist clever, denn bisher konnten Sie ihn nur selten überlisten. So jemanden hat man doch gern zum Freund. Wäre es also nicht besser, diesen Teil als Verbündeten zu haben als ständig gegen ihn anzukämpfen und dann eine Schlacht nach der anderen zu verlieren?

Jetzt, nachdem Sie diesen Wesensteil einmal unter einem anderen Blickwinkel gesehen haben, wird Ihnen bewusst, dass so jemand Ihnen möglicherweise wirklich nicht schaden will. Sicher können Sie sich jetzt leichter vorstellen, dass dieser Teil eine «gute Absicht» für Sie verfolgt. Nur, was könnte das sein?

Kontaktaufnahme mit dem «Blockade»-Teil

Nun lade ich Sie ein, sich auf noch etwas Neues einzulassen – ein Gedankenspiel, das Sie möglichst entspannt durchführen sollten. Sie besuchen in Ihrer Fantasie Ihr inneres Team von Fähigkeiten und Eigenschaften.

Lassen Sie einfach Ihre Gedanken ziehen und stellen sich Ihr inneres Team Ihrer Wesensteile vor. In Ihrer Vorstellung bewegen Sie sich vielleicht in einem bestimmten Raum, in etwas Realistischem oder auch in einer reinen Fantasiewelt. Die Teile haben vielleicht ein konkretes Aussehen, vielleicht haben Sie aber auch nur eine vage Vorstellung von ihnen, wie sie aussehen könnten. Vielleicht haben sie eine Stimme, vielleicht geben sie Töne oder Klänge von sich – lassen Sie sich einfach überraschen.

Sie nehmen nun als ersten Schritt Kontakt zu Ihrem Blockade-Teil auf. Machen Sie sich ein Bild von ihm. Sie sprechen ihn bitte in normalem Ton an, nicht vorwurfsvoll, aber auch nicht unterwürfig. Ist er

- männlich oder weiblich?
- groß oder klein?
- farbig oder schwarzweiß?
- eine Person, ein Tier, eine Pflanze, ein Gegenstand oder was sonst?
- Hören Sie etwas, eine Stimme, Geräusche oder Musik?
- Ist das, was Sie hören, deutlich oder verschwommen, nah oder weit weg, laut oder leise, hell oder dunkel?
- Nehmen Sie vielleicht auch einen Geruch oder einen Geschmack wahr?

Dann fragen Sie dieses Teil, ob es bereit ist, mit Ihnen im Bewusstsein zu kommunizieren.

Bedanken Sie sich, auch wenn er Ihnen nur ein kleines Zeichen gegeben hat, und sei es noch so schwach gewesen. So ein Zeichen mag ein leichtes Kribbeln im Bauch sein, mag ein reflexartiges Zucken eines Fingers sein, mag gar eine leichte Gänsehaut sein. Ich weiß nicht, wie sich der Teil bei Ihnen bemerkbar machen wird. Daher bitte ich Sie, sich einfach überraschen und geschehen zu lassen, was geschieht, sich nicht zu wundern, sondern es einfach dankbar anzunehmen.

Meist ist es, wie gesagt, nur ein ganz winziges, kaum wahrnehmbares Zeichen, denn der Teil ist die Kontaktaufnahme nicht gewohnt. Wenn Sie mit einem Ihrer Nachbarn Krach hätten, gäben Sie dem auch nicht plötzlich freudestrahlend die Hand, nur weil er Sie im Treppenhaus einmal grüßt.

Ehe Sie nun in Ihren Alltag zurückkehren, bitten Sie Ihren Blockade-Teil, sich Gedanken zu machen, was er genauso gern machen würde oder was er womöglich sogar noch lieber möchte, als Sie zu blockieren, wenn Sie auf Fremde zugehen.

Sie sind doch kreativ? Damit ist nicht gemeint, dass Sie ein Genie in Bastelarbeiten sind, sondern dass Ihnen schon so oft die richtigen Ideen zur rechten Zeit gekommen sind, dass Sie genau das getan haben, was sich nachher als eine tolle Lösung herausgestellt hat.

Veränderung in sechs Schritten

1. Schritt:

Sie formulieren das für Sie gültige Problemverhalten, wenn Sie auf Fremde zugehen wollen, es Ihnen aber nicht gelingt, sie anzusprechen. In unserem Beispiel könnte dieser Einstieg wie folgt lauten: «Ich kriege keinen Ton raus, wenn ich auf Fremde zugehe. Das blockiert mich. Ich will lernen, auf andere zuzugehen.»

2. Schritt:

Sie nehmen Kontakt auf zu dem Teil, der für diese Blockade zuständig ist. Sie fragen in sich hinein: «Welcher meiner Teile fühlt sich für dieses Verhalten zuständig?» Dann lassen Sie die Gedanken ziehen und achten darauf, welche Ideen Ihnen kommen, welche Hinweise Ihnen einfallen, welche anderen Sichtweisen sich Ihnen auftun.

3. Schritt:

Nun können Sie richtig in einen kleinen Dialog eintreten mit diesem Teil, den Sie ahnen oder der sich womöglich richtig gemeldet hat. Sie fragen ihn: «Welche positive Absicht steckt dahinter, wenn du, Teil X, mir diese Blockade schickst? Könnte es dein Wunsch nach Ruhe sein? Oder hast du Angst, dass die Abgrenzung verloren geht, dass ich die Distanz verliere?

- Sorgst du dich um meine Freiheit?
- Ist es das Bedürfniss, mich zu schützen?
- Oder was ist es sonst, was dich antreibt?»

Vielleicht haben Sie überhaupt keine Idee, vielleicht haben Sie ein vages Gefühl, was dahinter stecken könnte. Das ist alles gut und richtig. Lassen Sie einfach alles so geschehen, wie es geschieht, und erzwingen Sie nichts. Ihre Gedankenarbeit ist auf jeden Fall initiiert.

4. Schritt:

In diesem Schritt kommt ein weiterer Teil aus Ihrem inneren Team hinzu, Ihre eigene Kreativität.

Sie bitten nun Ihren kreativen Teil, dass er dem anderen Teil, dem Teil

X, der für die Blockade zuständig ist, zur Hilfe kommen möge und ihm Wege anbieten solle, die er genauso gut, wenn nicht noch besser findet als dieses «Blockade senden». Bitten Sie also Ihren kreativen Teil, alternative Lösungen zum Verhalten «Blockiert sein bei Ansprechen Fremder» zu entwickeln.

5. Schritt:

Aber verlieren Sie nicht vor lauter neuen Ideen Ihre anderen Ansprüche, Ihre anderen Werte, kurzum Ihre übrigen Teile, aus dem Blickfeld. Überprüfen Sie bei all den neuen Wegen auch, ob sich innere Einwände, innerer Widerstand gegen einen oder gegen mehrere Vorschläge melden.

Lassen Sie mich zur Erläuterung ein paar Vorschläge machen und Hinweise geben, die aber alle nichts mit Ihrem eigenen «Team» zu tun haben müssen. Doch ich weiß, dass dieser Denkansatz gewöhnungsbedürftig ist, und daher ist es sinnvoll, ihn durch Beispiele anschaulich zu machen.

Lassen Sie mich ein paar gegensätzliche Ansprüche möglicher Teile und deren Einwände durchspielen:

- Der Teil, der für die Abgrenzung zuständig ist, und jener, der sich für Ruhe verantwortlich fühlt, könnten eine zu innige Liaison eingehen, so dass es erst recht nichts wird mit dem «Auf-Fremde-Zugehen».
- Ruhe und In-sich-gekehrt-Sein könnten einem anderen Teil, dem Lebensfreude-Teil, Sorgen bereiten.
- Auch könnten sich Lebensfreude-Teil und Schutz-Teil in die Quere kommen.

Sie werden jedenfalls staunen, aus wie vielen Facetten sich Ihr inneres Team zusammensetzt, wer mit wem kann und wer mit wem eben nicht kann. Dann heißt es verhandeln und tragfähige Kompromisse finden lassen. Sie werden dann und wann erneut die Hilfe Ihrer Kreativität brauchen.

Der kreative Teil wird die Ideen nur so hervorsprudeln. Manche sind Ihnen sofort bewusst, manche reifen noch ein wenig im Unbewussten, doch werden sie Ihnen einfallen, wenn ihre Zeit gekommen ist.

Denken Sie auch hier an unsere Zielvorgabe zurück und achten Sie ganz sorgfältig auf alle gedanklichen Hinweise:

- Was müssen Sie aufgeben, wenn Sie Ihr Verhalten «schüchtern sein» ändern?
- Oder anders gefragt: Was ist das Gute daran, dass Sie so schüchtern sind?

6. Schritt:

Im letzten Schritt erteilen Sie Ihrem ehemaligen Blockade-Teil, der nun Ruhe- oder Distanz- oder Freiheits-Teil oder Sonstwie-Teil heißt, den Auftrag, künftig die Verantwortung für die Umsetzung der neuen Verhaltensweise zu übernehmen.

Sie können ganz leicht testen, ob Ihr Teil auch tatsächlich mitmachen will oder ob Sie sich da nur was eingeredet haben. Stellen Sie sich eine zukünftige Situation vor, in der Sie früher immer schüchtern gewesen wären. Wie wird das nun ablaufen? Wie werden Sie sich dabei fühlen?

Wenn Sie mit dem Gefühl zufrieden sind, ist alles okay. Wenn nicht, dann bitten Sie nochmals Ihren kreativen Teil um weitere Ideen.

Sie halten das für Humbug? Auch recht!

Sie können natürlich auch das ganze Spielchen mit innerem Team und Blockade-Teil und kreativem Teil beiseite schieben und nur Ihren Kopf einsetzen. Sie verzichten auch dann nur scheinbar auf die Klugheit Ihres Unbewussten. Aber manchmal braucht es ein bisschen Zeit, ehe man sich auf ein solches Experiment wie ein Six-Step-Reframing (so heißt dieser Vorgang in der Fachsprache) einlassen möchte. Manche Menschen haben überhaupt nie Lust dazu.

Wenn das bei Ihnen so ist, dann verfluchen Sie sich nicht, weil Sie das Buch gekauft haben. Auch Ihr Unbewusstes können Sie nicht einfach abschalten. Jeder Mensch hat andere Wege, sich damit auseinander zu setzen.

Meine Empfehlung lautet also: Gehen Sie einfach kopfmäßig vor, schalten Sie Ihren Ideenapparat im Kopf ein und warten Sie, was da alles an gedanklichen Vorschlägen auftaucht. Dann und wann ist es ganz sinnvoll, sich ein paar kleine Hilfsfragen zu stellen.

- Was bringt es mir, schüchtern zu sein?
- Wann ist schüchtern sein nützlich, wann ist es lästig?
- Bei wem finde ich schüchtern sein angenehm, bei wem finde ich es unangenehm?
- Was hat die eine, was die andere Person, dass ich zu diesem Schluss komme?

Alle Fragen sind nur beispielhaft und müssen nichts mit Ihrer Situation zu tun haben. Sie sollen Ihnen lediglich helfen, die für Sie richtigen Fragen zu stellen.

Sollte sich hinter Ihrer inneren Blockade als «gute Absicht» ein starkes Bedürfnis nach Ruhe verbergen, könnte eine der Ideen sein, dass Sie sich bewusst Raum und Zeit für Ihr Alleinsein schaffen, dass Sie auch zugleich die Fähigkeit entwickeln, dieses Bedürfnis durchzusetzen.

Wenn die «gute Absicht» aber der Wunsch nach Distanz sein

sollte, dann überlegen Sie sich, wie Sie in Zukunft nein sagen lernen, ohne andere zu brüskieren oder gar zu verletzen.

Ist die «gute Absicht» jedoch Ihr inneres Schutzbedürfnis, dann werden Sie lernen, frühere negative Erlebnisse nicht auf alle neuen Begegnungen zu übertragen. Sie schauen genau hin, sind wohl wachsam, aber entwickeln auch die Bereitschaft, der einen oder dem anderen einen Bonus zu geben. Die (noch) fremde Person darf gerne beweisen, dass sie nicht zu denen zählt, die Sie verletzen werden.

Der Test ist auch hier nötig. Auch jetzt stellen Sie sich eine Situation vor, in der Sie in der Vergangenheit schüchtern waren.

Nehmen wir mal an, Ihre Suche nach der «guten Absicht» hat ergeben, dass Sie um Ihre Ruhe bangten. Schon diese Erkenntnis wird Ihnen bei der Vorstellung der üblichen Schüchternheitsszene ein besseres Gefühl geben.

Und jetzt stellen Sie sich vor, wie Sie dieser fremden Person gegenüber höflich, aber bestimmt ihre Grenzen aufzeigen und klar sagen, was Sie möchten und was nicht – und dabei keine Angst haben, dass diese Person Ihnen ganz verloren geht.

Nehmen wir als Situation ein Vereinsfest. Sie sind in eine neue Stadt gezogen und kennen noch niemanden. Sie spielen ganz gern Tischtennis, und da lädt der örtliche Sportverein, der auch Tischtennis für seine Mitglieder anbietet, zum Straßenfest ein. Selbstverständlich gehen Sie hin. Früher wären Sie auch hingegangen, doch da wäre bestimmt nichts gelaufen, denn Sie hätten etwas getrunken und gegessen, aber gesagt hätten Sie nur etwas, wenn Sie angesprochen worden wären.

Heute ist das anders. Sie wissen, dass sich hinter Ihrer Schüchternheit als «gute Absicht» die Sorge verbirgt, wieder wie damals zu Ihrer Studienzeit ständig das Haus voller Leute zu haben, zu nichts mehr zu kommen und überhaupt nur noch mit irgendwelchen Leuten rumzuhängen. Irgendwann hatte sich das geändert, Sie wissen auch nicht mehr recht wann und warum. Aber plötzlich konnten Sie nicht mehr auf Fremde zugehen. Ihre «gute Absicht» sorgte mit Schüchternheit dafür, dass Sie Ihre Ruhe hatten – leider wurde daraus zu viel des Guten.

Zu diesem Vereinsfest gehen Sie nicht mehr als schüchterner Neubürger, sondern als jemand, der weiß, was er will. *Sie haben sich vorbereitet* und suchen ganz gezielt einen Tischtennispartner oder eine -partnerin. Sie hören sich um, wer und wo über Tischtennis spricht.

Dann haben Sie eine kleine Gruppe entdeckt und beobachten genau. Sie haben sich überlegt, wie Sie sich abgrenzen können, ohne sich abzuschotten. Ihre Idee war, dass Sie nur Ihre Telefonnummer im Büro angeben und wahrheitsgemäß sagen, dass Sie erst seit kurzem hier sind. Wahrscheinlich wird niemand nach Ihrer Privatadresse fragen, und wenn Sie dann beim Spiel und dem anschließenden gemütlichen Umtrunk merken, wer zu Ihnen passt, wen Sie gern öfter um sich hätten, dann können Sie mit der Person weitere Treffen vereinbaren.

Bis dahin haben Sie aber auch schon ganz klare Grenzen gesetzt, beispielsweise, dass Sie grundsätzlich allein ins Kino gehen, weil Sie sonst immer nur quatschen und nichts vom Film mitkriegen. Längst haben Sie die liebenswerten Marotten der andern kennen gelernt, und ganz selbstverständlich respektieren Sie diese. Warum sollten Sie nicht auch die eigenen Abgrenzungsbedürfnisse als «nette Marotten» mitteilen?

Die Verbindung

Diejenigen, die das Kapitel über die Schüchternheit gelesen statt überblättert haben, mögen beim Gedankenspiel zur «guten Absicht» nachdenklich geworden sein. Und diejenigen, die es überblättert haben, mögen jetzt vielleicht neugierig werden und nachträglich noch hineinlesen.

Es muss nicht unbedingt eine blockierende «gute Absicht» geben, wenn jemand schüchtern ist, wenn jemand kein Wort herausbringt, wenn er oder sie auf Fremde zugehen möchte. Es kann auch einzig an der richtigen Kommunikationstechnik mangeln. Es kann auch für den, der locker kommuniziert, dann und wann ein Verhalten geben, das mitmischt und quer schlägt, das er nicht mag, das aber mit Schüchternheit nichts zu tun hat. Daher ist es ganz gut, zum Schluss die beiden Blöcke «Kommunikationsschema» und Theorie von der «guten Absicht» zu vereinen. Das Kommunikationsschema enthält das im Vorwort versprochene Handwerkszeug, und das «Modell von der guten Absicht» ist sozusagen Teil eines Notfallkoffers, wenn alles eben nicht zum gewünschten Erfolg geführt hat.

Daher schlage ich Ihnen vor, Schritt für Schritt vorzugehen und sich zunächst einmal im genauen Hinsehen und Hinhören fit zu machen, dann die eigene Allgemeinbildung ordentlich aufzupeppen und dann das Ansprechen wirklich zu üben.

Kommunizieren können

Sicher ist es am besten, wenn Sie sich bei Ihren ersten Gehversuchen in Richtung neuem Kommunikationsverhalten Menschen auswählen, die Sie überhaupt nicht interessieren. Fangen Sie ganz klein an. Plaudern Sie ein bisschen mit der Verkäuferin in einer Bäckerei im Nachbarort, bei der Sie noch nie eingekauft haben. Dann versuchen Sie es mit dem jungen Mann hinter Ihnen in der Schlange im Supermarkt. Dann auch schon mal in der Straßenbahn oder im Bus. Suchen Sie sich ganz bewusst Gelegenheiten, die aufgrund des äußeren Rahmens nur von ganz kurzer Dauer sein können. Suchen Sie nun die Orte wieder auf, an denen Sie schon zehn, zwölf Leute angesprochen haben, und variieren dann Ihren Einstieg ins Gespräch.

Dies üben Sie so lange, bis es Ihnen nichts mehr ausmacht, Fremde in kleine Gesprächsszenen einzubinden. Nun sind Sie reif dafür, das Gespräch zu verlängern, wobei Sie auch jetzt noch immer auf Menschen zugehen, die Sie eigentlich nicht interessieren. Bei diesem Schritt verändern Sie jedoch den Rahmen. Sie suchen Gesprächsgelegenheiten, bei denen Sie mit einer längeren Dauer rechnen können. Im Zug, der erst wieder in etwa 20 Minuten hält, oder während der Theaterpause, die mindestens 15 Minuten dauern wird.

In dieser Phase Ihrer Übung geht es um mehr als nur darum, den Einstieg zu finden. Jetzt testen Sie Ihr Wissen und Ihre Fähigkeit zum Zuhören im Gespräch. Hören Sie die richtigen Themen heraus, die dann eine tragfähige Gesprächsbrücke ergeben? Sie testen aus, indem Sie die unterschiedlichsten Beobachtungen mitteilen, Sie testen aber auch, mit welcher Sicherheit Sie Stoppsituationen identifizieren können. Sie gehen bewusst ein Gespräch ein, obwohl Sie das Gefühl hatten, Ihr Gegenüber sendet Stoppsignale. Lagen Sie richtig? Je mehr Sicherheit Sie hier bekommen, desto seltener erleben Sie Ablehnung und desto öfter können Sie flotte Gespräche genießen.

Wenn Sie an die hundert Gespräche geführt haben, stört es Sie auch längst nicht mehr, wenn sich eine kleine Pause einschleicht. Sie genießen das Schweigen förmlich, schauen sich ganz bewusst ein bisschen um, und schon haben Sie das nächste Thema entdeckt.

Jetzt, so behaupte ich, beherrschen Sie die Technik der Kontaktaufnahme und der Gesprächsführung. Jetzt gönnen Sie sich auch Gespräche mit Personen, die Sie interessieren, ja sogar sehr interessieren – und wenden bei diesen Gesprächspartnern Ihre neu erworbene Fähigkeit an. Jetzt gehen Sie auch auf jene zu, hinter denen womöglich gar Amor mit gespanntem Bogen lauert. Da bleibt immer ein bisschen Herzklopfen, und das ist schön. Sonst würden Sie der Wichtigkeit dieser Situation unangemessen gleichgültig begegnen.

Kommunizieren dürfen

Dieser Zustand des kommunizieren Könnens dürfte bei den meisten von Ihnen nach einer individuell und bei jedem unterschiedlich langen Übungsphase gelingen. Sollte Ihnen jedoch die Geduld nicht ausreichen, so lange auf den Erfolg zu warten, dann helfen Sie einfach ein bisschen nach und suchen nach der «guten Absicht», die Ihnen das Lernen und Üben schwer macht, verhelfen Sie ihr zu dem Platz, den sie haben möchte, würdigen Sie ihren Wert für viele Situationen, in denen sie am Platz ist. Dann suchen Sie nach Methoden, die dieser «guten Absicht» gleich gut oder gar noch besser zu ihrem Ziel für Sie führt, die Ihnen den Schutz bieten, den sie für Sie bezweckt.

Nun bleibt mir nur noch, Ihnen eine Menge Spaß beim Üben zu wünschen, und ich bin sicher, dass Sie schon während Ihrer Übungsphase eine Menge neuer Leute kennen lernen werden!

Statt eines Nachworts eine letzte Übung

Stellen Sie sich vor, wie es ist, wenn ...

Stellen Sie sich vor, wie es ist, wenn Sie alle Menschen, die Sie interessieren, auf eine Ihnen angenehme Art und Weise ansprechen können.

Bevor Sie einschlafen, denken Sie an eine Situation, die Sie mit einem fremden Menschen zusammenbringt. Sie sehen sich wie in einem Film, wenn Sie das Bedürfnis haben, diese Person anzusprechen. Sie führen Regie in diesem Film. Sie schauen sich zu, wie Sie Ihre Umgebung beobachten, wie Sie sich nur noch ganz kurz Gedanken machen, was Ihnen hier Besonderes begegnet und was Sie in Ihren Einstieg einbauen können. Sie schauen auch zu, wie Sie Rapport aufnehmen zu der fremden Person.

Sie achten als Regisseurin, als Regisseur darauf, dass die Bildqualität für Sie optimal ist. Wenn das nicht der Fall sein sollte, dann leuchten Sie das Bild gut aus: Eventuell machen Sie es schärfer, oder wenn es Ihnen angenehmer ist, kann es auch durchaus etwas verschwommen sein; vielleicht drehen Sie ein bisschen mehr Farbe hinein, gestalten es etwas heller oder dunkler, bis Ihnen das Bild gefällt und bis Sie sich mit dieser Einstellung richtig wohl fühlen.

Jetzt schauen Sie sich den ganzen Film an, wie Sie Kontakt aufnehmen, fragen und etwas von sich preisgeben, wie schön Sie sich inzwischen auf Ihr Wissen verlassen können und wie sorgsam Sie darauf achten, dass die Bilanz des Gesprächs ausgeglichen ist. Sie spüren förmlich, wie wohl Sie sich fühlen, erleben aber auch an der Reaktion, dass die andere Person sich ebenfalls wohl fühlt.

Und während Sie nun diesen Film noch einmal schnell ablaufen lassen, haben Sie das sichere Gefühl, dass eine solche Begegnung Ihnen sehr gut gelingen wird. Bei Störungen im Gespräch bleiben Sie gelassen, und Pausen empfinden Sie als etwas ganz Natürliches.

Und während Sie jede kleine Szene Ihres Films betrachten, fühlen Sie sich sicher und gelassen. Und Sie genießen dieses wunderbare Gefühl. Sie können wirklich stolz auf sich sein.

Weiterführende Literatur

Zu NLP gibt es natürlich von den unterschiedlichsten Autoren und Autorinnen massenhaft Literatur. Ein Überblick über NLP liefern:

O'Connor, Joseph, und Seymour, John: Neurolinguistisches Programmieren, Gelungene Kommunikation und persönliche Entfaltung. Freiburg, 1999.

Spezielle NLP-Themen, beschrieben von den beiden NLP-Gründern, finden sich in:

Bandler, Richard, und Grinder, John: Reframing, ein ökologischer Ansatz in der Psychotherapie (NLP). Paderborn, 7. Auflage 2001.

Bandler, Richard, und Grinder, John: Metasprache und Psychotherapie, die Struktur der Magie I. Paderborn, 10. Auflage 2001 .

Bandler, Richard und Grinder, John: Kommunikation und Veränderung, die Struktur der Magie II. Paderborn, 8. Auflage 2001.

Literatur zur Körpersprache:

Frey, Siegfried: Die Macht des Bildes. Der Einfluss der nonverbalen Kommunikation auf Kultur und Politik. Bern, Göttingen, Toronto, Seattle, 1999. (Im Anhang des Buches eine Vielzahl wissenschaftlicher Veröffentlichungen)

Aus Sicht eines Pantomimen, der «nur» per Körper kommunizieren darf:

Molcho, Samy: Körpersprache. München, 1996.

Abschließend noch die beiden Bücher, auf die ich schon früher hingewiesen habe:

Pease, Barbara und Allan: Warum Männer nicht zuhören und Frauen schlecht einparken. Ganz natürliche Erklärungen für eigentlich unerklärliche Schwächen. München, 5. Auflage 2001.
Watzlawick, Paul: Wie wirklich ist die Wirklichkeit? Wahn Täuschung Verstehen, München, 2002.

Ursula Degen

Erfolg durch PR

Professionelle Presse- und Öffentlichkeitsarbeit selbstgemacht

Was, wenn ein Kessel explodiert, das geklärte Abwasser den Vorfluter färbt, die weithin sichtbare Rauchgasfahne auch noch stinkt? Und das wenige Tage, nachdem die Werbeabteilung die neue Hochglanzbroschüre «Unser Unternehmen – Partner der Umwelt» an alle Haushalte verteilt hat.

Krisen-PR heißt das Stichwort, und im Buch von Ursula Degen «Erfolg durch PR» sind Beispiele angeführt, wie das Unternehmen mit einer solchen Situation fertig wird.

Im Alltag hingegen gilt mehr die Devise «Tue Gutes und rede darüber». Die «guten Taten», über die in den Medien geredet werden soll, reichen vom «Tag der offenen Tür» über den Sponsorpartner bis hin zu neuartigen Produktionsverfahren. Doch sind gerade in mittelständischen Firmen institutionalisierte PR-Abteilungen eine Seltenheit. Die Werbeabteilung macht nebenher Öffentlichkeitsarbeit, oder der Inhaber ist sein eigener Pressesprecher.

Das Buch gibt allen Nichtprofis, deren Profession PR sein muss, ganz konkrete Hilfestellungen an die Hand: mit beispielhaften Pressemeldungen, Presseverteilern und Tipps für die Organisation von Pressekonferenzen.

200 Seiten, gebunden, ISBN 3-280-02314-9